PETIT LIVRE À L'USAGE DES PÈRES

Les Enfants de Jocaste, Denoël, 1980.
La Psychafamille, BD, Denoël, 1988.
Les Filles d'Ève, Denoël, 1990.
Les Fils d'Oreste, Flammarion, 1994.
L'Ogre intérieur, Fayard, 1999.

Ouvrages de Christiane Olivier
à paraître dans la même collection

Petit livre à l'usage des mères.
Œdipe et sexualité chez l'enfant.
Violence et mort chez l'enfant.

Christiane Olivier

Petit livre
à l'usage des pères

Fayard

Mon papa est venu et il a enlevé l'oreiller, et il a mis sa main sur moi et il a dit mon nom. Je pleurais. Il s'est penché et il a passé ses mains sous moi et il m'a soulevé. Il a fait comme ça, comme il fait à mes cheveux, et j'ai posé ma tête sur lui. Il est très fort.

Il m'a dit tout doucement :

— Là, là, tout va bien, pleure pas.

— Je pleure pas, que j'ai dit, je suis un grand garçon.

Quand j'avais 5 ans, je m'ai tué.
Howard Buten

1

ALERTE CHEZ LES PÈRES !

Pourquoi parler des pères, n'ont-ils pas toujours existé ? Depuis la préhistoire, pendant le Moyen Âge, sous la monarchie comme sous la république ? Passant de l'autoritarisme le plus complet au laxisme le plus total, voire à l'inexistence d'aujourd'hui ?

S'ils eurent par le passé le devoir d'éduquer, tancer, socialiser l'enfant, ils en laissaient la charge corporelle à la mère. Aujourd'hui, ils n'ont que l'autorité en partage avec celle-ci, mais peut-on avoir autorité sur celui qu'on n'approche que de loin ou pas du tout pendant des semaines, parfois des mois ?

L'autorité n'a pour but que de maintenir dans le droit chemin celui qui, plus jeune, s'égare ; mais si on ne marche pas sur le même chemin que l'enfant, comme c'est le cas de beaucoup de pères divorcés, que devient l'autorité ? Elle est refusée comme propre à éloigner un enfant que l'on sent déjà trop loin de soi.

Non, les pères divorcés ne sont ni sévères, ni autoritaires, ni éducateurs, ils sont à des lieues du *pater familias* d'antan, tout occupés à se faire accepter et aimer de leur enfant en un minimum de temps, tout affairés à obtenir un attachement qui ne peut se forger que progressivement et lentement, depuis le premier jour...

L'ascension des mères

Mais le chemin des pères s'est trouvé en deux siècles plusieurs fois barré ou détourné par l'ascension des mères :

• Dès 1840, les médecins et biologistes qui se penchent sur le problème de la mortalité infantile recommandent aux mères de ne plus envoyer leurs enfants loin d'elles, en nourrice, mais de leur donner leur propre lait sous leur propre toit. Ce qui revenait à attacher de façon vitale et irréversible les enfants à leur mère nourricière.

• Par suite du développement des idées républicaines, l'enseignement gratuit et obligatoire pour tous est promulgué en 1881 (lois Jules Ferry), et les pères se trouvent alors déchargés du devoir d'enseigner leur enfant.

• La loi de 1889 relative aux pères permet de déclarer certains d'entre eux indignes, voire

« déchus de leurs droits » ; ils sont alors remplacés par l'instauration de l'« aide éducative » qui a pour but de régler les problèmes des familles sans passer par l'autorité séculaire des pères. En 1935, la loi sur l'abolition du « droit de correction » met fin à dix-neuf siècles d'autorité paternelle sur le corps de l'enfant. En 1938, la loi abolissant le droit à la « puissance maritale » ôte au père le dernier signe de son autorité de mâle sur le reste de sa famille.

• Au cours de l'industrialisation, durant tout le XIXᵉ siècle, les pères furent entraînés définitivement hors du foyer, laissant femmes et enfants ensemble pour de longues heures et abandonnant donc, de ce fait, leur pouvoir sur la famille.

• Découvreur de l'inconscient, dont il attribue la formation à la seule mère, Freud, en digne descendant d'une famille juive, avait été élevé par une *mater familias* qu'il n'aurait pour rien au monde voulu mettre en cause et ce prédicat originel, plus de cent ans après, obsède encore la plupart des analystes qui n'arrivent pas à s'en défaire. Lacan a même ajouté à la mère, pôle d'attachement infantile primaire, un père *imaginaire* désigné curieusement comme le représentant du « Nom du Père », lui conférant ainsi une fonction de symbole, exclusivement verbale, auprès de l'enfant.

Pour avoir souhaité un père uniquement symbolique − ainsi que le préconisèrent Freud et Lacan −, on l'a écarté de plus en plus de la prime enfance et on a compté sans lui pour ce qui est de l'enfant naissant.

Dès le début du XXᵉ siècle, les ouvrages traitant de l'éducation et s'adressant aux mères firent florès. Il faut dire que le rôle de celles-ci devint décisif pendant les deux guerres mondiales, et que les femmes apparaissaient déjà comme les seules techniciennes de l'éducation.

Depuis le milieu du siècle, ce mouvement de dépaternalisation n'a fait que s'accentuer : en 1970, le terme de « puissance parentale » disparaît pour être remplacé par celui d'« autorité parentale », s'appliquant aussi bien à l'homme qu'à la femme pour ce qui est de décider de la vie de l'enfant. En fait, cela signifie que le père, qui n'a pour ainsi dire déjà plus de contacts physiques avec l'enfant, perd jusqu'au droit de régir sa vie et de prendre à son sujet des décisions en tant que père...

Que restait-il alors aux pères ?

On pouvait désormais faire comme s'ils n'avaient pas participé à la conception de l'enfant, et c'est ce qu'on fit en 1972 par une traîtresse loi sur la filiation naturelle attribuant, en cas de non-mariage, l'exercice de la parentalité à la seule mère : l'auteur des jours de l'enfant était définitivement passé à la trappe !

À force de vouloir un père qui ne s'occupe pas du corps de l'enfant, on a fini par en faire un père « absent » de son éducation. Le psychanalyste Aldo Naouri écrit en 1999[1] : « L'amour violent de l'enfant pour la mère est tel qu'il exclut la présence d'un tiers, et que l'homme qui est là et dont l'enfant ne porte aucune trace biologique [???!], même s'il est gentil, ne peut être que *celui qui prive l'enfant de sa mère*, et pour cela *il est prêt à le haïr*... »

Belle perspective pour un homme qui vient d'être père ! On ne le voit que comme un « gêneur », on ne peut que lui interdire d'entrer dans la bulle mère-enfant dont il est sommé de se tenir éloigné, puisqu'il n'a pour fonction que de séparer la mère de l'enfant[2]. C'est de la parole psychanalytique que les mères se sont autorisées pour dévaluer le père paternant, et les journalistes ont cru faire preuve d'humour en traitant de

---

1. Hors-série *Le Nouvel Observateur*, « Le bébé, cet inconnu ».
2. Toni Anatrella, *Le Nouvel Observateur*, juin 1999.

« papa poule » celui qui cherchait à se glisser près du berceau pour prendre l'enfant contre lui et lui murmurer des mots tendres. Interdit ! s'écria tout le monde, y compris les plus féministes des femmes qui avaient pourtant demandé aide et secours à leur mari pour s'occuper de leur progéniture...

Mais elles pensaient à un père relais, à un père épisodique, à un père qui fait comme une mère (que de sobriquets reçurent les « nouveaux papas » de la décennie 1980 !) ; elles ne voulaient pas que *leur* enfant dérive et se mette à aimer le père autant qu'elles-mêmes... Il fallait que la mère, malgré ses nombreuses occupations au-dehors, reste la première, voire la seule dans le cœur de l'enfant !

Elles n'avaient pas réfléchi – pas plus que les « psy » – au fait que *l'attachement primaire se fait par le corps*, et que la reconnaissance des individus s'opère chez le bébé grâce à ses cinq sens : les papas qui s'occupaient de leur enfant furent donc émerveillés de se voir aimés et étaient prêts à continuer si les femmes et, avec elles, la justice, les médecins, voire les « psy », n'avaient vu dans cet amour quelque chose d'incongru, de déplacé, peut-être même de sexuel et d'incestueux, qui sait ? Et voilà les pères au foyer taxés d'homosexualité ou de perversité ou de délinquance sexuelle, pénalisés d'éprouver cette délicieuse tentation de délinquance œdipienne que connaissent depuis toujours les mères avec leurs fils !

L'Œdipe, c'est inévitable

Ce phénomène, propre à l'éducation dispensée par une femme, est passé sous silence par tous, hormis par Freud qui a parlé de l'œdipe, de *son* œdipe avec « Mater », comme il l'appelait dans sa correspondance avec l'ami Fliess... Il parla alors de l'œdipe et de l'éveil des sens par la mère comme d'une chose nécessaire qui se fait à l'insu de tous : « Dans les premières années de l'enfance s'établit la relation du complexe d'Œdipe, au cours de laquelle le petit garçon concentre ses désirs sexuels sur la personne de sa mère. » Mère dont il nous dit qu'elle « serait vivement surprise si on lui disait qu'elle éveille ainsi, par ses tendresses, la pulsion sexuelle de son enfant et en détermine l'intensité future[1] ».

Homme du XIXe siècle, Freud n'a vu que la mère pour éveiller l'enfant des deux sexes au cours de ses premières années. Nous, hommes et

---

1. Sigmund Freud, *Ma vie et la psychanalyse*, Gallimard, 1971.

femmes du XXᵉ siècle, nous voyons bien que certains pères qui paternent leurs jeunes enfants ont droit à leur tour à de véritables déclarations amoureuses auxquelles, aussi dignement que les mères, ils ne donnent pas suite. Alors, pourquoi soupçonner d'inceste celui auquel la petite Nadine, sur un bout de papier quadrillé et sale glissé dans son cartable, a écrit maladroitement : « Papa, je t'aime » ? Ne supportons-nous pas l'évidence de l'œdipe avec la mère, avec toutes les mères, le jour de la fête de celles-ci, lorsque les « Maman, je t'aime » s'affichent sur tous les cadeaux, marquant la place de celle qui soutient l'œdipe : car il faut bien que nos enfants nous aiment en premier lieu si nous voulons qu'ils en aiment d'autres plus tard !

Et les petits garçons aiment leur mère et les petites filles aiment leur père : faudra-t-il en faire une comptine et la chanter à l'école pour que tout le monde s'habitue au fait que chaque enfant aime œdipiennement son parent de sexe opposé ?

C'est pour ne pas avoir voulu admettre que les filles élevées par leur mère sont en panne de père que Freud a décrit une évolution qu'il dit lui-même « incompréhensible » chez les petites filles qui se détournent tardivement de leur premier objet d'amour : la mère, pour se tourner vers le père. Hé oui, il y a une bonne raison à cela : c'est que la mère ne met pas l'œdipe en route chez sa fille, elle n'éveille pas une sexualité *hétérosensuelle*, mais simplement une *homosensualité* plus ou moins grande, doublée du sentiment de « vouloir être comme ». Elle ne peut déclencher qu'un mouvement d'identification vers le féminin. C'est donc une future mère qui s'avance vers l'homme pour lui demander d'être « son père ». Toutes les composantes de la phallocratie se trouvent déjà réunies là, avant la formation du couple.

2

UN ENFANT... À QUI APPARTIENT-IL ?

Une femme maternante engendre une femme qui le sera tout autant, n'ayant eu qu'un modèle sous les yeux : celui de sa mère. Les hommes en sont-ils fâchés ? Jusqu'à présent, n'ayant pas trop souffert eux-mêmes du rejet paternel engendré par le divorce et ne connaissant pas les lois de l'inconscient, ils semblent s'en être toujours accommodés et pensent que la différence entre eux et les femmes, c'est justement l'enfant.

Si l'homme n'avait pas le droit de « pouponner », c'est que, depuis toujours, il ne doit pas être assimilé à une femme. Au demeurant, si on regarde un père s'occuper de son enfant, on constate qu'il le fait tout différemment de la femme, avec des gestes autres, un *holding* plus tonique et plus ludique, avec dans la voix des accents qui lui sont propres : il PATERNE et la femme MATERNE. Y a-t-il du mal à dire que les deux sont nécessaires à l'équilibre physique du

bébé qui a besoin de se sentir comme l'un (identification au parent de même sexe) et différent de
l'autre (œdipe avec le parent de sexe opposé) ?

Mais, en France, nous n'arrivons pas à nous
défaire de la suprématie des mères, et les jeunes
femmes d'aujourd'hui y tiennent tant qu'elles
préfèrent connaître une vie d'enfer plutôt que
d'aider les hommes à demander un congé parental correctement rémunéré pour qu'ils puissent
eux aussi remplir leur rôle de père paternant. Les
femmes dans leur ensemble continuent à se
plaindre de l'inégalité des salaires, mais ne se
plaignent pas du chiffre ridiculement bas
(1 500 francs par mois) qui rémunère leur arrêt de
travail au moment de la naissance. Ce congé
parental proposé aux hommes comme aux
femmes est pris à 99 % par celles-ci ; ce choix
montre qu'à leurs yeux elles n'ont pas grand-
chose à perdre côté emploi, et tout à gagner côté
enfant.

Si la grande majorité des femmes ne se plaint
que mollement de la part qui leur est faite sur le
plan social et politique, c'est qu'elles savent pouvoir trouver compensation, voire vengeance le
jour où elles deviendront mères : à ce moment-là,
ce seront elles qui bénéficieront du temps d'aimer
et de se faire aimer de l'enfant, et c'est le père qui,

restant prisonnier de son entreprise, n'occupera guère de place auprès de l'enfant...

Se livre ainsi à bas bruit une lutte sans merci entre hommes et femmes dont les uns s'assurent la suprématie dans le travail, les autres la préférence des enfants.

Tout n'est qu'affaire de temps : celui qui en passe le plus auprès de l'enfant est celui qui recueillera le plus d'amour de sa part. Que dit d'autre la justice française qui, dans 85 % des cas de divorce, accorde le droit de garde à la mère, jugée « indispensable » affectivement, alors que l'homme, lui, se verra contraint à payer l'« indispensable » entretien matériel de l'enfant ?

Que dit une enquête réalisée par l'IFOP pour *L'Express* en 1999, sinon que parmi les jeunes de vingt ans, 58 % se sentent plus proches de leur mère, alors que 18 % seulement se disent plus proches de leur père ? Ces résultats ne sont-ils pas conformes à ce que nous constatons dans la réalité ?

S'attacher un enfant, c'est du temps

On n'est important dans la vie de l'enfant que parce qu'on le veut bien et qu'on consacre du temps à occuper sa place de parent. Ce n'est pas toujours parce qu'il a faim que l'enfant appelle, mais peut-être parce qu'il a chaud ou froid, parce qu'il est mouillé et qu'il demande à l'entourage de venir rétablir son bien-être. Il semble que père et mère soient tout aussi doués pour le faire, une fois surmontée l'inexpérience de départ.

Quand on s'occupe du corps d'un bébé, on le regarde, il vous regarde, on lui parle, il écoute, on lui sourit et, dès le deuxième mois, il essaie de répondre. Il s'attache à la personne qui se tient auprès de lui, il prend l'habitude de ses gestes, de sa voix, de son sourire, de son portage, mais aussi de ses facéties pour le faire rire : elle lui devient indispensable.

Winnicott, grand psychanalyste du XXᵉ siècle, écrit[1] : « Quand la mère et le bébé s'adaptent l'un à l'autre lors de la tétée, une relation humaine s'instaure. La capacité de l'enfant à établir des relations avec les objets et le monde se mettra en place sur ce modèle... C'est là que commence la relation d'objet... »

Pour lui comme pour Freud, la mère était pour le bébé *le premier et le seul objet d'amarrage* au monde. L'un comme l'autre n'imaginaient pas que, quelques décennies plus tard, les hommes

---

1. D. W. Winnicott, *Le Bébé et sa mère*, Payot, 1992.

pourraient relayer les femmes du simple fait que celles-ci ne nourriraient plus au sein et que les premiers bras dans lesquels l'enfant évoluerait dans la vie seraient peut-être ceux d'un homme... Si le père s'occupe de nourrir le nouveau-né, il est évident qu'il accède à la place de premier objet humain ouvrant la voie à la relation au monde et aux autres, initiant l'enfant au cycle du désir, de la demande et de la réponse satisfaisante obtenue de l'adulte.

Ce peut donc être aussi bien un homme, un père, qu'une femme, une mère, qui emmène l'enfant sur les premiers chemins de la communication qui lui serviront de guides pour la vie dans ses rapports à autrui. Car tout ce qui est fait journellement à un nouveau-né s'inscrit dans son inconscient pour ne plus être effacé. C'est pourquoi les pères doivent figurer là dès le premier âge : *pour ne plus être effacés*, même au moment d'un divorce éventuel. En effet, nous savons que cinq ans après qu'un divorce est devenu effectif, 34 % des enfants ne voient plus leur père[1]...

Zazzo n'a-t-il pas écrit en 1980 : « La théorie de l'attachement peut se formuler ainsi : la construction des premiers liens entre l'enfant et la

---

1. Catherine Gokalp, in *Populations*, janvier 1999.

23

mère, ou *celle qui en tient lieu*, répond à un besoin biologique fondamental » ? Pourquoi parler de la mère ou de *celle qui en tient lieu* s'il y avait eu, aux yeux de Zazzo, un père ? Mais voilà : aux yeux de la plupart des psychologues et psychanalystes, *l'objet principal de l'enfant est toujours une femme* ; faute de quoi on risque de mal différencier les hommes et les femmes en leur attribuant des fonctions semblables. Mais, si beaucoup de gens « tiennent lieu de mère » pendant que celle-ci est au travail, pourquoi toujours des femmes ? Pourquoi si rarement des hommes ? Sinon parce qu'on ne leur facilite pas l'accès à ce rôle et parce qu'ils ne connaissent pas les lois de l'attachement entre un bébé et ses parents ?

Le père : pourquoi pas ?

Didier Anzieu souligne à propos des premiers contacts physiques entre parent et enfant : « À côté de la succion, de la satiété, de la réceptivité des objets internes, la peau joue un rôle au moins égal [...], elle se trouve stimulée à l'occasion des soins maternels par le bain, les lavages, les frottements, à l'occasion aussi du portage et des étreintes. »

Tout cela peut être ressenti, appris, stimulé par des mains non maternelles ; pourquoi pas celles du père ?

On peut observer que tout enfant, avant la période sensible du sixième mois où il reconnaît les siens, accepte avec satisfaction d'être porté, balancé, bercé par n'importe qui dont il a été entendu, mais qu'à partir du septième mois il manifeste une certaine discrimination, voire une réelle sauvagerie vis-à-vis des étrangers. On s'en aperçoit de plus en plus : dans les cas où le père intervient dans les soins du bébé, cette période de sauvagerie n'existe pas, et tout humain accepté comme « favorable » par les parents l'est aussi par l'enfant. Donc, la bulle « mère-enfant », dite primaire et duelle, peut être plurielle, et l'enfant peut s'attacher dès les premiers mois à plusieurs personnes qui s'occupent de lui – dont le père, s'il est là.

Pourquoi personne ne veut reconnaître publiquement que l'introduction du père paternant empêche l'enfant de faire une fixation unique sur la mère, évitant cette relation exclusive et parfois phobique qui fait d'elle sa seule interlocutrice valable ?

Je puis témoigner qu'ayant eu plusieurs fois affaire à des familles où le père s'occupait directement de l'enfant, chaque départ un peu prolongé de ce dernier entraînait chez lui une baisse de tonus et d'entrain comme les enfants en subissent généralement lors d'un éloignement de la mère. L'attachement au père est donc visible quand il existe, mais il n'existe que lorsque le père a montré assez de présence réelle auprès de l'enfant lors de sa première année.

Ce qui veut dire que les pères doivent à tout prix demander, par la voix des syndicats ou des élus, l'institution d'un congé paternel à la naissance, suivi d'un travail aménagé avec assurance de retrouver son plein emploi à la sortie. À l'évidence, si pères et mères obtenaient paritairement ce droit, les très jeunes enfants bénéficieraient d'une continuité parentale assurée et ne se retrouveraient plus dans une crèche sans repères ni intimité affective, privés de leurs parents durant huit heures d'affilée. Suspendu psychologiquement au retour de ceux-ci, le petit enfant « en garde » reste entre parenthèses de la vie pendant la moitié de sa journée. Qu'on se représente qu'à trois ou quatre mois, il ne sait même pas s'il est lui-même ou s'il fait partie de l'Autre ! Or les Autres, à la crèche, ils défilent... À moins d'avoir une puéricultrice pour s'occuper de quatre enfants (ce qui implique de créer des petites unités au sein même de la crèche), l'enfant en dessous de neuf ou dix mois ne peut supporter correctement l'absence de ses parents.

Nous n'avons pas, en France, une politique qui permette de faire rentrer le père à la maison, et celui-ci s'en tient en général aux trois jours de congé « officiel » accordés à la naissance. Il ne sera donc pas intégré dans la relation d'objet aussi fortement que la mère ou la garde, tout simplement parce qu'il ne peut se permettre de gagner entre 1 500 et 3 000 francs par mois, à moins d'avoir une femme cadre supérieur !

Il n'en va pas de même dans certains pays : le Danemark, qui se donne comme un exemple d'égalité entre les sexes, en accordant une allocation parentale approchant les trois quarts du salaire de base, a créé des conditions qui paraissent acceptables pour un homme comme pour une femme, et prendre un congé parental y est aussi bien l'affaire du père que de la mère.

En Suède, 48 % des pères prennent le congé parental et s'occupent de leurs enfants dans la mesure où le système instauré est assez large pour être peu pénalisant, y compris du côté des hommes.

En France, seulement 1 % des pères prennent ce congé... et pour cause !

Les pères français ont encore bien du chemin à faire sur le plan de la connaissance et de la reconquête psychologique de l'enfant, et beaucoup à obtenir du gouvernement pour vivre leur parentalité sans compromettre ou perdre leur place sociale.

Immanquablement, dans ce débat, on en revient chez nous à la sempiternelle image de la famille patriarcale : maman avec bébé et papa au-dehors, faisant bouillir la marmite. Il semble difficile aussi bien à la gauche qu'à la droite de ne pas succomber à ce cliché, à cet écueil, et de ne pas penser plus ou moins haut : l'éducation d'un enfant sera toujours meilleure avec la mère qu'avec le père, d'autant plus que cela aura pour effet de ramener régulièrement les femmes à la maison et de réserver les emplois aux hommes. Ce qui ne pourra que faire du bien aux finances du pays...

Mais c'est compter sans l'évolution des femmes et faire comme s'il n'y avait que des mères... Or la plupart des femmes actuelles souhaitent avoir un emploi qui garantisse leurs moyens de subsistance et leur liberté, ne les obligeant plus à chercher un mari pour les entretenir, elles et leurs enfants. Le fait d'écarter l'idée du mariage n'ôte pas pour autant à la femme celle de créer et porter l'enfant qu'elle fera (avec qui ?) et qu'elle élèvera seule, étant libre et autonome. Dès lors, cet enfant n'aura pas de père reconnu et on se dirigera tout droit vers la dyade féminine ou la triade constituée avec la garde ou la grand-mère, dans laquelle le géniteur ne figure pas. Le prix en sera lourd à payer, quelques années plus tard, car tout enfant élevé par un seul sexe présente le plus souvent une carence tenant soit à l'œdipe (difficulté de relation avec l'autre sexe), soit à l'identification (difficulté de relation avec les gens du même sexe).

C'est là que le problème de la présence du père intervient avec le plus d'acuité : si la femme veut faire œuvre humaine, elle doit tenir compte de l'homme qui a engendré l'enfant, comme cela est déjà exigé dans certains pays, afin que celui-ci sache qu'il a été engendré par un homme et ne se croie pas un clone de femme destiné à devenir à son tour une femme !

Le père reviendra sur le devant de la scène quand les psychanalystes cesseront de fermer les yeux sur le comportement de femmes qui, ne voulant pas courir le risque d'une compétition éducative, préfèrent l'enfant à l'homme et excluent celui-ci de la vie de celui-là. En France, l'INSEE recense deux millions d'enfants vivant seuls dans un million six cent mille familles monoparentales, la mère étant le seul parent et jouant tous les rôles. Le scénario est presque toujours le même : une femme, n'ayant pas fait d'œdipe avec son père qu'elle a très peu vu, rencontre un homme dont elle attend qu'il joue ce rôle, mais elle se rend rapidement compte qu'il n'en est pas ainsi. Elle en est très déçue et pense qu'il en ira de même pour l'enfant dont il sera le père, elle-même s'imaginant en revanche ultra-compétente pour tout ce qui a trait aux soins et à l'éducation du jeune enfant.

Habitée par le conservatisme et l'esprit phallocratique, la justice française approuve et prévoit même des allocations pour ces femmes seules qui ont *voulu* être des mères seules.

C'est pour cette raison qu'il y a encore plus de divorces après naissance qu'avant. L'enfant, qui apparaissait comme un projet conçu et poursuivi en commun, devient, dès sa venue au monde, pomme de discorde. Certaines femmes préfèrent même partir avant, sans avoir averti de leur grossesse. Quelle sera alors la place du géniteur ? Sinon celle d'un père mort-né pour un fils ou une fille appelés, eux, à vivre...

3

LA PSYCHANALYSE
OU LE PARTI DES MÈRES

Le couple si longtemps rêvé, attendu, imaginé, si souvent brisé par la suite, renferme en lui sa propre déchirure : il est difficile, pour un homme, de devenir l'égal de « celle dont il a été si long-temps dépendant », et impossible de ne pas jouer à cache-cache avec sa propre femme quand il a toujours vécu en évitant d'être « deviné » par sa propre mère.

Robert Stoller, psychanalyste américain, écrit : « Le premier devoir pour un homme est : ne pas être une femme[1]. »

Oui, les hommes et les femmes ont quelque difficulté à vivre entre eux une égalité qu'ils n'ont pas apprise au cours de leur histoire œdipienne, et l'homme se retrouve dans le couple face à celle « qu'il a déjà connue », alors que la femme vient à

---

1. R. Stoller, *Masculin ou féminin ?*, PUF, 1989.

l'homme pour chercher celui qu'elle n'a « jamais rencontré ». Les femmes attendent un *sujet* pour être aimées de lui « à cause de sa différence » ; les hommes attendent de rencontrer au travers de l'amour un *objet* à posséder, garder, sans égalité possible, « à cause de sa différence ».

Une différence ineffaçable : le sexe

Cette différence de sexuation ne peut jamais devenir indifférence, et si elle a orienté nos rêves de jeunesse, vient un moment où le mariage et la vie partagée la font apparaître comme différence nécessaire et favorable, donnant jour au rêve commun de l'homme et de la femme : avoir un bébé ensemble.

La grossesse se dessinant, le couple l'annonce comme sa « chose », le rêve des deux est devenu le même : que cet être à venir porte la marque de chacun d'eux. Certains couples veulent un bébé tellement « imaginaire » qu'ils ne souhaitent même pas en connaître le sexe au cours de la grossesse. Les futurs parents rêvent d'un être qui effacerait toute différence entre eux deux.

Mais, quelques mois plus tard, la nature humaine, responsable de la différence originelle, fait de la femme « la porteuse » et de l'homme « le rêveur ». L'inégalité est là et ira en s'accentuant jusqu'au jour de l'accouchement où ELLE attend un enfant et LUI un rêve d'enfant. Et c'est lui, le plus bouleversé de voir son rêve *vivant* sortir d'entre les cuisses de sa femme !

Qui est le plus parent de l'enfant à ce moment-là ? Celle qui le pond ou celui qui l'attend ? Les deux parents pleurent ensemble de joie...

Intervention du père

Cependant que le bébé vient du dedans de la mère et qu'elle le connaît déjà, le père le découvre, ce jour-là. Il a envie de le prendre, de le regarder, de le serrer contre son propre corps. Qu'il le prenne donc, son enfant naissant, encore tout gluant de sébum, au corps insaisissable et fluctuant ! Car c'est à ce moment-là que le rêve devient réalité et que commence un corps à corps parental qu'aucun père ne devrait plus laisser se relâcher !

Il faut donc attraper ce bébé qui repose sur le ventre de la mère, en glissant une main sous sa nuque, tandis qu'avec l'autre on va le soulever par les fesses, tout en glissant le pouce entre ses jambes pour l'empêcher de glisser vers le bas. La nouvelle assise du bébé est donnée par le père : c'est la position qu'il aura dans nos bras ou dans son « maxi-cosi » (soutenu dans le dos et empêché de glisser par une sangle passée entre ses jambes).

C'est alors que le papa peut élever le bébé jusqu'à sa hauteur. C'est à cet instant que l'enfant recevra le premier souffle exhalé par celui qui a voulu qu'il existe. C'est ainsi que le papa va reconnaître et prendre en charge cet enfant qui est le sien.

À voir cet être si petit, si fragile, le père ressent très fort, à cette minute précise, la responsabilité qu'il a endossée et l'envie de protéger cet être si faible, aux yeux encore fermés, aux poings serrés comme pour une première bataille...

Mais voilà que la sage-femme le lui enlève prestement des mains pour faire sa toilette, et ramène quelques instants après un bébé tout propre qui n'a plus rien du petit singe nu de tout à l'heure.

Les parents s'émerveillent devant cet être qui leur appartient et dont ils se sentent responsables. Sur le plan inconscient, il y a à ce moment-là une part de la libido de chacun qui quitte le couple pour s'orienter vers l'enfant : la *parentalité* s'installe aussi bien chez l'un que chez l'autre, et ce n'est pas parce que le père sait qu'il n'est là que temporairement qu'il ne s'abandonne pas totalement à l'amour qui l'envahit quand il regarde son enfant.

La séparation sociale et psychologique entre père et enfant

Si le père n'est là que de façon temporaire, c'est parce qu'on pense qu'un seul parent suffit à ce moment-là, et que ce sera forcément la mère, puisqu'elle doit se remettre de ses couches et pourra donc s'occuper de l'enfant pendant environ trois mois. Et tandis que la mère, le berceau sous les yeux, à son chevet, se livre à la contemplation du chef-d'œuvre, le père, ce soir-là, repart seul chez lui : première erreur décrétée par le corps médical qui a décidé depuis toujours que la mère serait le « parent nécessaire », soutenu en cela par le corpus analytique tout entier qui, fidèle à Freud, déclare que toute la relation première d'attachement devra passer par la mère. Celle-ci, le cas échéant, fera entrer plus tard le père dans la bulle symbiotique en tant que compagnon bien-aimé. Voilà comment on a mis sans ménagement le père à la porte ou à l'écart lors des premiers jours, puis des six premiers mois de l'enfant !

On peut mesurer aujourd'hui les dégâts introduits par Lacan et ses disciples lorsqu'ils disent que le père est « secondaire » à la mère, qu'il agit en « gêneur » tardif entre mère et enfant, et que là est son rôle : couper le cordon ombilical à la naissance et, par la suite, s'interposer dans la relation amoureuse entre mère et enfant, empêcher en somme la mère d'être « toute », c'est-à-dire complétée par son enfant (Lacan).

Les psychanalystes n'ont jamais eu le cœur tendre pour le père, traité de « premier étranger » (Lacan) ou de « gêneur » (Naouri), voire de « trouble-fête » (Anatrella), et à propos duquel on a pu écrire : « Le père est incapable de tirer du plaisir du rôle qu'il doit jouer, et incapable de partager avec la mère la grande responsabilité qu'un bébé représente[1]... »

Voilà un psychanalyste qui, tout en reconnaissant l'importance du premier attachement du bébé à l'adulte, en a tout simplement écarté l'homme. Il parle ainsi aux mères :

« Vous êtes en train d'édifier la santé d'une personne qui sera membre de la société. Cela vaut la peine qu'on s'y attache[2]. »

Malheureusement, tout ce qu'il avait pensé dans sa tête d'homme qui ne voulait pas ressem-

---

1. D. W. Winnicott, *L'Enfant et sa famille*, Petite Bibliothèque Payot, 1991.
2. *Ibid.*

bler à une mère est advenu : les femmes élèvent surtout seules des enfants dont les pères n'ont même pas cherché à être responsables ! Résultat : en cas de divorces, 15,7 % des pères seulement demandent la garde de l'enfant !

Même Françoise Dolto, qui aimait particulièrement les enfants et les devinait si bien, trouva le moyen, elle aussi, d'éjecter le père hors de la réalité de l'enfant lorsqu'elle répondit un jour à la radio à un père en panne de se faire aimer : « Surtout, que les pères sachent bien que ce n'est pas par le *contact physique*, mais par la *parole* qu'ils peuvent se faire aimer et respecter de leurs enfants ! »

Il y a fort à parier que si ce père n'était jamais arrivé à se faire aimer de ses enfants, c'est parce qu'il avait manqué avec eux la communication des premiers mois, qui passe précisément par le corps, ou parce qu'il avait pensé que ça lui était interdit et que c'était là la place de la mère, non la sienne !

Le premier attachement passe toujours par le corps

Quel être humain, hors de toute connaissance psychanalytique ou médicale, n'a pas observé que le bébé réagit et s'attache à la personne qui s'occupe de lui journellement ? Et qu'il reconnaît son pas et sa voix de loin grâce à son ouïe (particulièrement fine) ; qu'il est tout aussi sensible au grain de sa peau et à son odeur propre. Jusqu'à quatre ou cinq ans, votre bébé a un nez de fin limier, ce qui lui fera préférer à tout autre un objet vieux et sale, tel un morceau de lange, un bavoir ou le fin bourrillon de sa couverture, voire son vieux nounours crasseux qu'il ne faut surtout pas laver... Et, enfin, sa tétine usagée !

Si vous devez chercher une garde pour votre jeune bébé, veillez à ce qu'elle ne soit pas obsédée par la saleté ou les microbes : les bébés détestent les choses qui sentent la lavande ou la rose ; ils aiment bien mieux les odeurs naturelles qui leur sont propres, ou celles des êtres qui les entourent.

Sans la netteté de la vision (acquise au quatrième mois), le bébé, grâce à ses autres sens, a donc le moyen d'identifier chaque personne qui s'occupe fréquemment de lui, *et par conséquent le père* s'il est là au cours des tout premiers mois.

« À qui l'enfant s'attache-t-il ? Pas nécessairement à sa mère, mais à la personne, aux personnes qui s'occupent de lui. La voix du sang n'existe pas[1]. »

1. R. Zazzo, *L'Attachement*, Delachaux et Niestlé, 1991.

Après que Konrad Lorenz et Boris Cyrulnik, en tant qu'éthologues, nous ont démontré les voies de l'attachement chez le nouveau-né, voilà qu'on nous dit que cet attachement peut se produire avec n'importe qui *du simple fait qu'il est là* et que l'enfant l'entend, le sent, le touche. Ces nouvelles recherches ou découvertes auraient dû remettre en question depuis vingt ans la théorie freudienne de la dyade constitutive de l'attachement, et aboutir à des révisions déchirantes concernant la relation d'objet *possible avec le père*.

Boris Cyrulnik écrit en 1990 : « On sait que le père est porteur d'une odeur de musc qui le caractérise, que la mère inhale ses molécules odorantes et qu'en fin de grossesse, on les retrouve dans le liquide amniotique[1]... »

Nous voilà bien loin du père symbolique et du « Nom du Père » : voilà une trace biologique du père que l'enfant perçoit *avant même de naître* !

Le « Nom du père », ou l'impasse
des pères...

Il y a d'ailleurs longtemps que le « Nom du Père » est devenu un signifiant vide, puisque la mère, au gré de ses amours, peut changer le père

---

1. B. Cyrulnik, *Sous le signe du lien*, Hachette, 1990.

en n'en gardant que le nom, confiant tout le reste à un autre !

Le chemin du père, passant par la mère selon la théorie analytique, peut ainsi se transformer en impasse pour l'enfant qu'il a désiré et qui se trouve aimé et éduqué dans la réalité par un autre homme étranger, lequel, par le biais de l'attache-ment par les sens (entre zéro et quatre ans), peut occuper sa place. Deux pères pour le même enfant ?

Les pères vilipendent ces « voleuses d'enfant » qui, à travers la relation soi-disant primordiale qu'elles ont avec leur bébé, peuvent lui donner un autre père (« qu'elles aiment ») et faire disparaître celui (« qu'elles n'aiment plus ») dont ce bébé est le descendant. Va-t-on laisser les femmes jouer encore longtemps avec les pères en les menaçant ainsi directement, du haut de leur tour mater-nelle, d'être « échec et mat » en tant que pères ?

L'enfant peut-il rester fidèle à tous les engrammes intérieurs qu'il a accumulés en lui depuis sa conception et qui signalent son véri-table père, ou doit-il les oublier, les refouler ? Pour s'adapter au père suivant, avec son odeur de musc, sa peau plus ou moins odorante, sa voix plus ou moins grave ?

En tout cas, le refoulement s'opère et se remarque par le fait que l'enfant ne parle plus de ce premier père et qu'à l'école on se plaint qu'il ne trouve pas de mots, pas d'idées, pas de lignes narratrices pour raconter... Il a peu d'imagination et fait partie de ces enfants « déconcentrés » parce qu'on leur a précisément arraché la moitié de leur « centre »...

La trace du père dans l'inconscient

Qu'avait-il donc engrangé de son père ? Son goût, dans le liquide amniotique, puis sa voix, s'ajoutant aux bruits internes de la mère : le père a été un familier externe pendant toute la grossesse et, dans les cas où il a pratiqué l'haptonomie avec l'enfant, il y a même eu communication sensorielle entre eux : le père posant les mains sur le bébé à travers le ventre maternel et l'appelant par son futur nom, on a la surprise de voir le futur enfant bouger et se rapprocher de la main paternelle.

Toutes les expériences faites par Veldman, Montagnier ou Brazelton montrent à quel point le fœtus est réactif, à compter du sixième mois de grossesse, à tout ce qu'il entend du fin fond de sa cachette : aussi bien paroles, disputes, musique,

que bruits internes propres à la mère. Si vous voulez voir s'arrêter de pleurer un nouveau-né, faites-lui donc entendre le battement enregistré du cœur de sa mère, ou celui d'un cœur battant à 72 pulsations-minute. Aussitôt, les larmes de l'enfant tarissent. En revanche, si vous augmentez le rythme des pulsations, l'expérience achoppe.

J'ai gardé en mémoire le charmant souvenir d'un homme de quarante ans, en analyse chez moi, qui se plaignait d'avoir une incontrôlable envie de pleurer dès qu'il entendait de la musique d'Europe centrale. Il me demanda de vérifier si cette musique avait le même effet sur moi, son analyste. La vérification était superflue car à ma question : « De quelle origine était votre mère ? », il me répondit qu'elle était roumaine et chantait souvent des airs de là-bas... De ce jour, ayant compris que ses oreilles avaient enregistré quelque chose que lui-même avait refoulé, il put écouter, en venant chez moi, des chants qui lui rappelaient la voix de sa mère disparue, mais toujours existante quelque part en lui.

Les marqueurs acoustiques du premier âge restent donc imprimés pour la vie, et il en va de même des marqueurs olfactifs ou tactiles.

Si le bébé peut construire « une carte d'identité chimique de sa mère différenciant l'odeur du sein, celle du cou, celle des cheveux » (Montagnier), on ne voit pas pourquoi ces capacités olfactives ne joueraient pas le même rôle vis-à-vis du père, aidant à distinguer, avant même de les voir, les différentes régions odorantes de son corps d'homme : son cou, ses cheveux, ses aisselles, etc.

À travers les caractéristiques personnelles du père, repérables de l'extérieur, son petit le reconnaît dès les premiers mois tout comme il reconnaît sa mère, sa sœur, son grand-père, bref, tous ceux qui font partie du cercle de famille rapproché, de sa « bulle ». C'est ainsi que, bien plus tard, une odeur, seulement une odeur saisie au hasard de nos déplacements, éveillera encore en nous, adultes, une indicible émotion.

Comment le père prend sa place dans la « bulle » de l'enfant

Pour prendre place dans la *Gelstalt* primitive de l'enfant, il faut donc se faire *humer*, et, pour cela, être tout proche de l'enfant. Il faut aussi se faire *entendre*, ce qui ne peut se faire par correspondance, ni par n'importe quelle mère que ce soit ! Il faut enfin *porter, toucher* l'enfant, soit en le nourrissant, soit en le changeant, soit en jouant avec lui, ce que les mères font pendant les trois mois de congé maternité, que les hommes ne font pas et ne demandent pas à faire... Ne sachant pas que c'est là que se creuse le grand handicap des pères par rapport aux mères, qui fera dire à tout le monde, au moment du divorce, que l'enfant a tout *intérêt* à continuer de vivre son intimité avec sa mère, et éventuellement quelques dimanches avec le père !

Les plus récentes découvertes en matière de psychologie du nouveau-né confirment que le père peut faire partie de l'attachement primaire dans la mesure où il se trouve là où est l'enfant. Hélas, ce n'est pas souvent le cas : le fameux « troisième jour après la naissance » figure dans la vie des pères comme le premier jour d'« abandon » de l'enfant qu'ils laissent à la mère en s'en retournant à leur travail.

Il serait donc absolument nécessaire, répétons-le, que le père obtienne un congé paternité d'au moins un mois, suivi de six à huit mois de congé d'éducation parentale payés en fonction du salaire, ou de six à huit mois d'horaires aménagés. Voilà qui lui permettrait de « paterner » l'enfant de façon normale, car s'il est évident que, depuis trente ans, la société a tout fait pour que les femmes puissent materner leur progéniture, elle n'a rien fait pour permettre aux pères de paterner la leur.

La femme est devenue mère lors des premiers mouvements ressentis dans son ventre. L'homme, pour sa part, devient père le jour de la naissance, quand il voit son enfant et se sent brusquement responsable de lui, animé d'une indicible tendresse vis-à-vis de celui qu'il tient dans ses bras.

Au diable les Winnicott, Naouri et autres qui ont osé prétendre que seules les femmes pouvaient éprouver un sentiment pour un bébé ! L'homme déborde lui aussi de sentiments envers son enfant, et comment les appeler autrement que « paternels » ?

Les deux parents ont le goût d'aimer ce petit être issu de leur désir : c'est ce qu'on appelle l'amour parental, que l'un et l'autre découvrent à des moments différents, mais qu'ils découvrent tous deux.

La « bulle primitive », on aura compris qu'ils doivent en faire partie autant l'un que l'autre, et qu'il n'y a pas de raison que seule la mère y soit admise et y participe.

Fonction du père : le paternage

L'idée que le père ne doit pas « materner » pour ne pas être assimilé à la femme est certainement le facteur psychique qui contribue le plus lourdement à cet évitement qu'affichent beaucoup d'hommes face à la perspective de paterner leur enfant... Ils sont d'accord pour remplir la fonction de père, mais à condition que ce rôle soit purgé de tout risque d'assimilation au maternage des femmes.

Ce constat correspond d'ailleurs au résultat d'une enquête faite par mes soins auprès de cent pères au moment de l'accouchement. À la question « Existe-t-il un instinct paternel ? », 70 % d'entre eux ont répondu « oui », ce qui veut bien dire que l'homme commence à se rendre compte qu'il éprouve pour son enfant des sentiments naturels et spontanés d'attachement.

Une autre enquête menée auprès d'hommes de 25 à 34 ans sur leurs priorités[1] fournit la liste suivante :

1 - Vivre une bonne relation de couple
2 - Avoir des enfants et le temps de s'en occuper
3 - Réussir professionnellement.

Michel Bozon, directeur de recherches à l'INED, fait remarquer que « les hommes des générations précédentes auraient d'abord privilé-

---

1. *Le Nouvel Observateur*, juillet 1999.

gié leur carrière. Les femmes sont donc en passe de ne plus être à la première place auprès des enfants ».

Le grand pédiatre américain Terry Brazelton a des idées tout à fait en phase avec celles de ces hommes lorsqu'il écrit :

« En fait, si le bébé perçoit la présence du père (par l'intermédiaire de la mère ou par l'investissement direct que le père fait du bébé), *il y a une triangulation précoce introduisant un tiers, un non-mère*[1]. »

Voilà un mot qui définit très justement le père : c'est celui qui n'est pas la mère pour le bébé, qui est reconnu différent par ce dernier dès sa première semaine d'existence.

Que les hommes se rassurent et qu'ils osent s'avancer à la recherche de leurs nouveau-nés : l'enfant a AUSSI besoin d'eux !

Évidemment qu'ils ont eu peur de l'image du père « maternant » brandie par Boris Cyrulnik ; évidemment qu'ils ont sursauté en découvrant le « père-mère » d'Élisabeth Badinter, et qu'être perçus comme des « substituts de la mère[2] » les a horrifiés à cause des différences à respecter...

---

1. T. Brazelton, *Les Premiers Liens*, Calmann-Lévy, 1991.
2. A. Naouri, *Le Nouvel Observateur*, 1999.

Mais n'est-ce pas à eux, les pères, de proclamer qu'ils ne deviennent jamais des mères, même quand ils s'occupent de leur enfant ?

Répétons-le : *il n'y aura de place pour le père que si la rencontre selon le corps s'opère dès la naissance* et se poursuit tout au long de la vie de l'enfant.

4

LE PÈRE AU SECOURS
DE LA PREMIÈRE ANNÉE

(entretien avec un futur père)

Père et mère ont été nécessaires à la conception et le sont aussi lors de la naissance, passage difficile pour le bébé qui sent changer en quelques instants toutes les constantes de sa vie de fœtus : d'un monde liquide et sans pesanteur, il tombe dans le monde de l'air et du poids.

C'est aux techniciens de l'accouchement de lui faire traverser sans encombre le dédale de la peur et de l'attraper à la sortie, à son passage entre deux mondes ; mais c'est aux parents, cinq minutes après qu'il a crié, signifiant par là qu'il a atterri sur la planète Terre, de l'habituer au monde par le truchement de leurs souffles, de leurs mots, de leurs bras.

LE PÈRE : *Que puis-je faire pour lui ?*

Vous, le père, et elle, la mère, vous allez l'habituer, dès sa sortie dans le monde, au contact de la peau humaine et de son odeur : celle-ci diffère du père à la mère. Ce sont vos voix de parents chuchotants (parce que vous savez que l'enfant vient d'un milieu où tout bruit était amorti) qu'il va reconnaître en partie grâce à leurs intonations et à leur accent. Ce sont vos bras qui vont l'assurer, lui signifier qu'il est toujours entouré, même s'il ne flotte plus... C'est grâce à vous deux que l'enfant va changer sans heurts et en l'espace de quarante-huit heures tous ses repères habituels.

Faut-il qu'il soit à l'affût de tout, derrière ses yeux fermés, aussi bien de vous que de tout ce qui l'entoure, pour vous assimiler aussi vite ! Le troisième jour, il reconnaît vos deux voix. Il sait aussi s'il est dans les bras de la mère nourrissante ou dans ceux du père parlant et berçant.

Si vous le prenez sur votre poitrine, vous constaterez que son regard ne regarde pas vraiment, mais erre un peu partout, et qu'il a tendance à tourner la tête vers les points lumineux que sont l'ampoule du plafond ou la lumière du jour passant par la fenêtre. En fait, à sa venue au monde, la vision du bébé est très limitée et il n'y voit (jusqu'au troisième mois) qu'à 20 ou 30 centimètres. Il est donc inutile de lui faire voir un objet même brillant d'un peu loin, et vous devez vous-même vous placer très près de son visage pour être identifié.

Le fait de marcher en portant votre bébé contre votre buste va le soulager de sa nouvelle pesanteur, et le rythme de votre pas lui fera retrouver la cadence du pas maternel quand celle-ci le portait à l'intérieur d'elle-même.

Tout ce que la mère a assumé auparavant du dedans peut être pris en relais et du dehors par le père...

Vous, le père, vous allez donc aider l'enfant à faire le pont, le lien entre ce qu'il a connu et ce qu'il va connaître en tant qu'être humain vivant sur la planète Terre.

C'est si facile, ce que j'ai à faire pour mon bébé ?

Oui, et ne croyez pas que c'est toujours parce qu'il a faim qu'il ouvre cette bouche immense : il cherche parfois à retrouver la simple sensation d'avoir la bouche pleine de liquide, sans que son estomac crie famine ! Il souffre de vide buccal et il vaut mieux lui donner une tétine ou le laisser prendre son pouce pour « boucher le trou » par lequel entrent en lui l'air et... le vide !

Je croyais que téter un objet, fût-ce une tétine, et a fortiori le pouce, était une mauvaise habitude à ne pas donner à un bébé ?

Non, c'est un besoin de téter incoercible et transitoire. Père et mère, vous allez aider l'enfant à effectuer sa mutation de fœtus en bébé : la mère en donnant le sein, le père en changeant l'enfant, ou en le berçant, ou en lui donnant sa tétine entre les repas, ou son bain (ce que le bébé qui a longtemps vécu en milieu liquide appréciera, à condition qu'il ne se gèle pas, tout nu !). L'un comme l'autre, vous allez lui apprendre ce qui est humain et lui faire abandonner ses habitudes fœtales végétatives, telles que suçoter, ou prendre son pouce, ou s'agiter pour rien, ou crier dans le vide. S'il se déchaîne, en proie à un désespoir d'inadaptation totale à ce monde, vous le guiderez dans le vôtre et, blotti au creux de vos bras, devant la fenêtre ou devant la télé, vous le verrez captivé par la lumière plus que par la couleur et le son (qui doit rester très bas). Vous le verrez alors se calmer peu à peu, tout occupé à regarder ce qu'il ne

« voit » pas encore, mais ressent comme un phénomène extérieur distrayant.

C'est ainsi, en assurant le relais avec l'état fœtal, que vous vous inscrirez, vous, le père, autant que la mère, comme agent de l'évolution de votre enfant vers des activités intelligentes et humaines.

Il ne tient d'ailleurs qu'à vous d'introduire des objets variés et sans danger dans le berceau de l'enfant, et de jouer avec lui. Au quatrième mois, il pourra tenir fermement et ne plus vouloir lâcher un hochet, et n'aura plus besoin de sa tétine pour se distraire : il la retrouvera pour s'endormir, car dormir, c'est plonger dans l'inactivité pour quelques heures qui vont régénérer les énergies de l'enfant.

La solitude et l'inactivité sont les deux ennemies de l'homme, mais aussi du bébé, et bien des manies ou des tics, comme mâchonner son stylo ou du chewing-gum, trémuler de la jambe sous la table, fredonner ou siffloter, etc., sont des façons presque réflexes de parer à l'une ou à l'autre.

Voyez comme le bébé et l'adulte réagissent en parallèle : un bébé qui s'ennuie aura plus souvent faim qu'un autre, de même qu'un homme inactif est un homme qui boira ou fumera plus qu'à l'ordinaire, pour s'occuper à quelque chose... Un bébé à qui on ne prête pas assez d'attention finit par se taper la tête contre les parois de son lit, jusqu'à s'endormir. N'est-ce pas ainsi que cela se passait dans le ventre de la mère ? Plus la mère se déplaçait, plus l'enfant se tassait, et plus elle restait tranquille, plus il bougeait ou tétait son pouce !

Donc, une seule loi pour que votre enfant *ne régresse pas* vers son état antérieur : l'attirer vers le *monde vivant* qui est le vôtre. Jouer avec un bébé, lui parler, le faire sourire à trois mois, ce n'est pas du temps perdu. Passer une heure au-dehors à le promener dans un milieu totalement différent de l'appartement, va l'occuper pleinement et relève donc aussi de votre rôle de parent...

Il est vrai qu'on n'apprend jamais cela aux hommes. On ne les prépare pas à leur « fonction » de père, mais plutôt à leur « rôle » d'anti-mère.

Quelle différence ?

Le rôle de père est perçu comme un rôle social, et il l'est, mais un seul jour : celui où vous allez déclarer la naissance de l'enfant et le faire inscrire au nombre des vivants sur le registre des petits Français venus au monde ce jour-là. Il fera toujours partie de la classe de son année de naissance et portera pour toujours votre patronyme. C'est vous, puisque la mère est alitée, qui allez le faire entrer dans la société, alors que la mère a eu pour fonction de le faire sortir de son ventre. Vous voyez comme la situation et la démarche du père se différencient déjà de celles de la mère à la naissance... Néanmoins, pour tout ce qui concerne la vie personnelle de cet enfant, vous allez être strictement égaux à la maison (sauf, bien sûr, si vous en décidez autrement).

Ce qui est important, c'est que vos fonctions étant les mêmes, votre enfant, lui, vous identifie l'un et l'autre par votre odeur, votre peau, votre voix, et il ne faudrait pas que le père soit absent de cet enregistrement familial qu'effectue le bébé avec tous ses familiers, et qui est un enregistrement à vie... L'important, pour votre avenir de père, c'est que se grave chez le bébé la photographie d'abord sensitive, puis visuelle de l'un et l'autre de ses parents

Mais, jusqu'à présent, n'était-ce pas la mère, l'objet primordial de l'enfant ?

Oui, c'était la mère, ainsi que tous les autres familiers de la maison, excepté le père qui rentrait le dernier, l'enfant étant déjà endormi. Avec l'évolution de la condition des femmes et de la vie du couple, il se trouve qu'un tiers des mariages se dissolvent. Or, s'il est important que vous vous sépariez en cas de mésentente, il est aussi important que vous n'ayez pas à divorcer de l'enfant et que lui-même n'ait pas à renoncer à son père... C'est ce qui se passe presque toujours, hélas, quand le père n'est pas « intervenu » dès le début dans la vie de l'enfant et que son image est restée floue par rapport à celle de la mère. Celle-ci n'a aucun mal à prouver que l'enfant la recherche particulièrement, et tous les graphismes de l'enfant d'ailleurs le confirment ! On ne confie pas un bébé très jeune à quelqu'un qu'il ne connaît pas, en le séparant de celle qui a toujours été auprès de lui, qui règne sur sa vie et son cœur.

Si l'on pouvait avoir confirmation, au cours de l'enquête préliminaire à tout jugement de divorce, que le père était aussi présent que la mère et s'occupait journellement du bébé, sans doute n'aurait-on pas l'incroyable idée d'attribuer sa garde à la seule mère et de séparer à vie des enfants de leur père, uniquement admis à les voir un dimanche sur deux !

Si les pères s'inquiètent de leur véritable place auprès de leur enfant, ce n'est qu'au moment du divorce. Ils s'évertuent alors à prouver que leur attachement à cet enfant vaut bien celui de la mère... Mais ce n'est pas leur attachement que l'on met en doute, c'est celui de l'enfant pour un père qui ne lui a jamais été indispensable. Or, dans la plupart des cas, les tests et enquêtes confirment la chose. Ainsi donc, le père ne verra son enfant que tous les quinze jours, déclare le juge aux Affaires familiales ; à ses yeux, cela suffira bien pour un enfant qui tient avant tout à ne pas perdre sa mère !

Mais ce n'est pas juste que ce soit la mère qui demande le divorce et qui obtienne la garde de l'enfant...

C'est juste dans la mesure où seulement 5 % des pères s'occupent directement et journellement de leur enfant et que tous les autres laissent cette charge à la mère, permettant et favorisant cette fixation primaire dont le père va se plaindre par la suite.

Le tribunal et l'Aide sociale sont d'accord pour dire qu'il faut laisser l'enfant là où il aime être et avec ceux qu'il aime. Et c'est à partir de ce moment que le père réalise qu'il n'a pas mis le prix pour se rendre « indispensable » à l'enfant. Il est désespéré, mais c'est trop tard ! Même si le père déploie un arsenal de tentations et de cadeaux du dimanche, même si la chambre d'hôtel ressemble à une caverne d'Ali-Baba, l'enfant rechigne souvent à quitter sa mère, et, dans les dix ans qui suivent un divorce, un tiers des enfants ne voient plus leur père.

Que doit faire le père à ce moment-là ?

Il ne peut que prendre la place qu'il a toujours occupée dans la vie et le cœur de l'enfant : une très petite place. Il a négligé l'odeur, la voix, le biberon, le bain pendant la première année, quand c'était le seul mode d'attachement du nourrisson, et il a dédaigné de le gronder ou de le punir lors de la deuxième, laissant cette besogne ingrate à la mère, croyant se faire apprécier de l'enfant en étant le plus « gentil ». Il a omis de l'emmener avec lui dans les magasins ou dans la rue ou au square lors de sa troisième année, et tous les chemins entre l'enfant et lui ont ainsi été coupés.

C'est pour cette raison que, bien souvent, le père, au moment du divorce, craint de demander la garde d'un enfant qui le connaît peu et dont il se sent lui-même éloigné. C'est pour cela que la rencontre du dimanche ressemble plus à une conquête qu'à des retrouvailles avec un enfant familier.

Maintenant, l'enfant a en tête l'image de l'homme qui aime sa mère mais qui n'est pas son père à lui. Trop faible, le lien père-enfant a cédé le pas au lien mère-enfant, et l'enfant se met à adopter les goûts de sa mère, les amours de sa mère, les jugements de sa mère...

Tout ceci est dur à entendre quand on a passé sa vie à bosser pour nourrir les siens et qu'on rentrait le soir sur les genoux...

Je le sais. Je fais partie des psychanalystes précurseurs qui réclament un congé paternité d'un mois pour le père, suivi d'aménagements d'horaires réservés par l'entreprise aux jeunes pères, qui leur permettraient de rentrer chez eux assez tôt pour pouvoir s'occuper de leur enfant, au moins le soir, à partir de dix-sept heures. On pourrait aussi envisager un congé parental d'un an à répartir sur les premières années de l'enfant ou jusqu'à son admission en crèche.

Mais on peut les mettre à la crèche dès trois mois...

Oui, ils y seront bien gardés et nourris, mais, beaucoup trop fragiles dans leur propre identité et la reconnaissance de celle de leurs parents, ils ne devraient pas y rester plus de quatre heures sans revoir ceux-ci. Ce qui veut dire que l'interruption du milieu de journée devrait être marquée par le retour à la maison d'un des parents afin de ramener l'enfant manger et dormir chez lui, et ceci jusqu'à l'âge d'un an. C'est une excellente chose de créer des crèches d'entreprise où les parents peuvent venir voir leurs très jeunes bébés : c'est très bien pour l'enfant et c'est aussi une très bonne chose pour les parents, même si ce ne l'est peut-être pas pour l'entreprise elle-même, rarement animée par des intentions philanthropiques !

Bien sûr, vous pouvez mettre quand même l'enfant à la crèche, mais ne vous étonnez pas de ses fréquentes maladies contre lesquelles un « moi » trop faible ne le prémunira pas : quand on est occupé à attendre ses parents depuis des heures, n'importe quel microbe peut s'attaquer à un organisme aux défenses amoindries parce qu'inquiet de se trouver si longtemps hors de la présence de ces êtres familiers qui, au cours de la première année, sont les seuls repères d'après lesquels se définit l'identité de l'enfant. À cet âge, voir son parent, c'est se remettre à vivre, dans la mesure où lui-même vit, car le bébé se distingue mal de ses parents jusqu'à huit mois. Ces règles, que l'on connaît parfaitement, n'étant d'ordinaire nullement respectées, les enfants opèrent un miraculeux retour chez eux en tombant malades, exhortant ainsi l'un de leurs deux parents à plaquer son travail pour venir à leur chevet. Telle est la réaction courante du petit malade de l'identité qu'on a placé hors de sa famille avant même qu'il ait établi la carte d'identité de ses parents, non plus que la sienne !

L'autre solution consiste évidemment à assurer à l'enfant une garde privée, chez soi ou chez une nourrice. Dans ce dernier cas, tout repose sur la personne choisie et sur son aptitude à nouer un lien avec l'enfant, même si celui-ci doit élargir sa « bulle » de départ et aimer la nourrice comme un *troisième parent*. Le cas échéant, vous devez vous en réjouir et en tout cas vous y faire : votre enfant, à trois mois, n'est capable que d'attachement, ou, s'il se sent négligé, de maladies récurrentes qui signaleront une conversion psychosomatique venant du corps afin de protéger le cœur... Si la nourrice est étrangère, eh bien, votre enfant parlera avec quelque retard (ce n'est pas si grave !). Et vous ne vous en formaliserez pas : il vaut mieux bredouiller que de ne pas parler du tout, ou de pleurer parce qu'on n'est pas aimé...

Il y a donc toujours un risque pour le bébé dès que le parent s'éloigne ?

Oui, forcément. On le comprend quand on sait que l'enfant, au début, vit les émois de ses parents, puis traverse une période d'exclusivité, d'attachement à eux et à leurs habitudes, qui le rend totalement inadapté dès que le parent le dépose quelque part où l'odeur, la lumière, les bruits sont différents de ceux de la maison.

Lorsqu'on sait que l'enfant « avale » tout son entourage avec ses oreilles, sa peau, son odorat, il est déconseillé de le mettre hors de chez soi avant que ne se soient écoulés ces mois fatidiques. Un analyste a au contraire envie de vous dire : parents, faites-vous « avaler » dès la première année afin que votre enfant devienne un être solide et fort dont vous pourrez vous séparer sans traumatisme durant la deuxième année parce qu'il se souviendra de vous.

Si Freud a appelé cet âge-là « oral », c'est bien parce qu'il avait perçu que l'enfant avait tendance à tout porter à sa bouche pour l'installer au centre de lui-même, et que c'était avec la bouche qu'il opérait toutes ses discriminations... Rendez-vous donc comestibles ! Soyez là pour que votre bébé, entendant votre pas et votre voix, s'agite déjà dans son berceau à l'idée de se repaître de vous... Ne le laissez pas n'attendre qu'un pas et qu'une voix : ceux de la mère... Car vous le paierez cher un jour !

Quand on travaille, il est bien difficile de se faire « enregistrer » par l'enfant comme parent aimant !

Cela fait déjà plus de trente ans que les femmes jonglent entre maternité et activité professionnelle... Vous, vous les regardez faire, un sourire en coin, parce que vous avez compris qu'elles veulent deux choses antinomiques et qu'il leur faudrait avoir un don d'ubiquité... Il n'empêche : on peut dire qu'elles arrivent quand même à cette fameuse « inscription » au cœur du bébé. Et vous, les pères, vous serez obligés d'en passer par là, de réclamer des congés paternels adaptés si vous voulez avoir une place à vie dans le cœur et la mémoire de vos enfants.

S'il faut faire comme les femmes...

Vous ne faites pas *comme les femmes*, vous, les pères, puisque tout votre être diffère du leur. Mais vous devrez sûrement prendre le chemin qu'elles ont emprunté avec leurs congés maternité et parentaux. Seulement, il faut que vous obteniez que ce fameux congé ne vous réduise pas à la mendicité. En effet, il ne faudrait pas que, pour assurer votre lien avec votre enfant, vous fassiez chavirer l'équilibre financier de votre famille, car, dans ce cas, qui voudrait encore avoir des bébés ? Des enfants qui, au lieu de multiplier la vie, la diviseraient...

Donc, la première année doit être une année de présence pour les deux parents ?

Oui, puisque c'est sans les mots ou presque, d'après le seul ton de la voix, que l'enfant reconnaît chacun. Si vous voulez être LE père, il vous faut être là le plus souvent possible : un travail à mi-temps ou à trois quarts de temps serait suffisant, doublé d'une allocation de paternité. La garde en alternance avec une autre personne ne peut durer que quatre heures jusqu'à sept-huit mois. La nourrice se trouve d'ailleurs dans la même configuration que vous : elle voit l'enfant chaque jour durant plusieurs heures. Si elle l'aime, évitez de vous désespérer ou de changer de nourrice, ou encore de déménager avant qu'il n'ait huit mois, *car lui aussi l'aime !*

Que chacun de ceux qui s'occupent d'un nouveau-né ait conscience qu'il s'en fait reconnaître dans la mesure où il évolue dans les alentours du bébé. Il en est ainsi pour tous les bébés du monde : ils aiment ceux qui les entourent, et non pas ceux qui leur font des cadeaux extraordinaires les jours extraordinaires ! On est père et mère parce qu'on assume *tous les jours* l'existence de l'enfant comme une partie de soi.

La première année d'un enfant lui sert à jauger la force de ses besoins et la rapidité de réponse de ses parents. À partir de là, il va conclure à un monde extérieur BON ou MAUVAIS selon qu'on aura compris son désir et comblé ses attentes : il faut un an, quand on est enfant, pour devenir optimiste ou pessimiste et s'établir de façon définitive comme confiant ou méfiant vis-à-vis de l'Autre. C'est donc une période essentielle de la vie de l'enfant. Ne le négligez pas sous prétexte qu'il dort la plupart du temps : il sait que vous êtes là, y compris durant son sommeil. Dès qu'il éprouve un besoin, il crie et devine que vous, l'adulte, allez arriver, qu'il n'est donc pas dans un désert de solitude où s'époumoner en vain.

5

LA TRAVERSÉE DE L'ÂGE ANAL

L'âge oral est celui où l'enfant croit n'avoir qu'un désir : manger, et qu'un endroit par où faire entrer cette source de satisfaction : la bouche. L'âge anal est celui où, tout en continuant à se nourrir, il va découvrir toutes les autres satisfactions humaines.

Cela ne se fait pas du jour au lendemain, et, tout au long de la première année, sans méconnaître son acharnement à se remplir et à fuir le vide, nous lui avons appris bien d'autres satisfactions : regarder et parler, regarder et sourire, regarder et attraper, etc. Par notre parole, notre sourire et nos gestes, nous l'avons entraîné sur le chemin de la « sublimation », c'est-à-dire celui de l'*imaginaire*...

L'objet transférentiel

Il sait depuis l'âge de huit mois que nous pouvons être avec lui ou loin de lui, mais que nous revenons toujours ; il a ainsi acquis avec nous une continuité de base rassurante : son ou ses parents. Il a aussi un autre objet qui fait partie de son environnement immédiat : un bout de chiffon, un coin de couverture, un nounours, une sorte de fétiche qu'il trimbale toujours avec lui : c'est son « objet transférentiel », qui le relie à l'odeur de ses parents et à l'odeur de son berceau où il a tant séjourné durant les six premiers mois... Enfin, plus ses neurones se développent, plus il a d'accès à l'imaginaire, c'est-à-dire plus il peut jouer avec ses doigts, avec l'extrémité du rideau ou avec un bout de ficelle : il sait voir dans ce qui est là « autre chose » de déjà connu, ou de plus satisfaisant pour lui.

C'est nous qui lui avons appris à nous quitter en lui tendant un objet, c'est nous qui avons initié l'enfant à nous laisser partir et à s'amuser seul avec un objet au lieu de s'amuser avec un être humain.

L'enfant et la Loi

À l'âge de dix-douze mois, l'enfant sait se distraire sans nous, et ce qui va devenir majeur pour lui, c'est le fait d'accéder à la marche et au libre déplacement de son corps.

À la préhension, il va ajouter la liberté d'attraper les choses qu'il voit et que, souvent, il ne connaît pas. Il va donc se diriger indifféremment vers les objets dangereux ou non, fragiles ou non, et c'est à nous qu'il reviendra de permettre ou de défendre l'accès à tel ou tel objet... Nous voilà toujours responsables de son bien, mais maintenant aussi du nôtre ! Quant à l'enfant, lui, il n'est responsable que de son désir... Et c'est avec lui que nous allons entrer en conflit ; cela va être, entre l'enfant et nous, les premières bagarres pour le désir.

Il est très important que l'enfant apprenne que l'Autre a aussi ses désirs et que lui-même n'est plus l'« enfant-roi » qu'il a été au cours de sa première année. D'abord surpris par votre interdiction, l'enfant va rester *interdit* devant votre premier « non », mais, rapidement, il va tenter de vous imposer son désir par la force : il hurle, tape des pieds, renverse la chaise, jette les objets, pour finir par se rouler par terre, voulant vous dire par là que, dans ces conditions, il ne marche pas (dans tous les sens du mot) et préfère rester là, réduit à néant, à terre.

Il est important de le laisser manifester sa rage et de ne pas satisfaire son désir ; il est capital que ce soit vous, les parents bien-aimés, qui lui barriez la route avec votre Loi, car cela va le faire déboucher sur une nouvelle attitude jusque-là inconnue de lui : « Mon papa (ou ma maman) n'est pas toujours bon avec moi, il ne fait pas toujours ce que je veux. » Ce sentiment de détestation temporaire est très nouveau chez votre enfant et sera suivi, quand le caprice sera fini, d'un geste d'amitié de la part du père (ou de la mère) qui prouvera à l'enfant que son parent l'aime toujours, malgré le « non » qu'il lui a opposé et imposé, et que sa tendresse à son égard reste la même.

Il apprend ainsi que la vie n'est ni toute rose, ni toute noire, mais qu'il y a des alternances de bon et de mauvais. Par exemple : s'amuser avec l'eau d'une mare ou celle qui coule dans l'évier de la cuisine est follement drôle ; être dans le bain est délicieux, parfois amusant (si le parent favorise le jeu dans l'eau) ; mais tout peut devenir rasoir, voire terrorisant, s'il faut mettre la tête dans l'eau pour rincer les cheveux !

L'enfant va ainsi vivre alternativement des choses qu'il aime et d'autres qu'il déteste. C'est au cours de sa deuxième année qu'il accède au jugement du « bon » et du « mauvais » grâce à la réaction des adultes éducateurs. C'est par la parole de l'Autre que l'enfant s'humanise et conçoit qu'il y a des désirs propres aux autres et qui sont contraires aux siens. Il entre ainsi en contact avec la LOI grâce à ses parents (aussi bien père que mère).

L'enfant forme donc son caractère au contact du vôtre, il devient coléreux si vous refusez trop souvent ses désirs, mais tyrannique si vous ne savez pas lui dire non.

Le « non » aux autres ou le « oui » à soi-même

Cet âge est celui de l'éducation sociale de l'enfant, mis au contact des désirs et souhaits des parents. Vous le verrez tour à tour refuser d'aller se coucher, ou de se lever, ou de manger : tout est bon pour dire non ! Autrement dit : « Je ne suis pas toi... »

C'est son pouvoir sur les gens et les choses que l'enfant essaie d'établir : il peut prendre et garder, il peut prendre et recracher, il peut prendre et accumuler (la boule de viande mâchée peut rester dans sa bouche quatre ou cinq heures sans que l'enfant trouve une issue au « non » qu'il entend que vous compreniez). C'est une bagarre de tous les instants qu'il livre contre ceux qui veulent l'éduquer à dire « oui » à leurs désirs et à leur Loi. D'ailleurs, l'enfant dira et fera « non » de la tête avant de pouvoir dire et faire « oui », prouvant sans discussion possible que le « non » marque le début de la conscience de soi face à l'Autre.

Et ne parlons pas de la propreté à acquérir, qui est la pierre d'achoppement sur laquelle trébuchent souvent les parents modernes qui, n'osant pas sévir, déclenchent chez l'enfant un état d'ambivalence, coincé qu'il est entre la culpabilité de déplaire à ses parents et le triomphe de sa volonté propre. Dès qu'il s'agit d'éjecter ce qui sort de son corps, il est capable de se retenir des heures durant pour éviter que ses parents ne s'accaparent ce qui est à lui et qu'il va défendre longuement, seul contre tous !

Finalement, l'enfant honteux à l'école ou dans le bac à sable finira par faire comme tout le monde, mais, au lieu d'avoir deux ans, il en aura alors trois ou quatre, et la relation parent/enfant sera définitivement marquée par une question jamais résolue (pour l'enfant) : un enfant peut « s'opposer » à son parent sans en mourir, mais peut-on être aimé de ses parents si on ne satisfait pas leur demande ?

N'est-ce pas la question que nous continuerons à nous poser bien souvent dans la vie ⋅ vaut-il mieux faire plaisir à l'Autre et conserver ainsi son amour, ou vaut-il mieux se faire plaisir à soi et « perdre » l'amour de l'Autre ?

Toute la question de l'amour et de la haine pour l'Autre, avec le passage par l'ambivalence, va débuter ici entre l'enfant et ses parents.

C'est selon notre façon d'exiger de lui que l'enfant exigera des autres ; c'est en nous regardant vivre nos envies et nos rages qu'il apprendra à vivre les siennes. La rencontre entre sadisme et masochisme, le dosage de l'un et de l'autre vont s'établir ici entre parents et enfants.

La domination sur les objets

Pour mesurer sa toute-puissance sur les choses, l'enfant de deux ans fait des caprices et prend plaisir à casser ou à démonter les objets : une voiture sans roues ou une grenouille sans pattes est monnaie courante dans son coffre à jouets, et ce n'est pas négativité de sa part, mais découverte que les objets peuvent mourir alors que l'enfant, lui, reste vivant... C'est la même expérience quand, dans son bain, il déverse un seau d'eau dans un verre, puis l'eau du verre dans la bouteille : il constate que l'eau s'en va, alors que le récipient reste ; il se rend compte qu'il existe un contenant et un contenu, point de vue qui lui sera très précieux quand il aura affaire à la demande parentale : « Donne-moi ton caca. » Il se souviendra alors que c'est lui le contenant, c'est lui qu'on aime, et que la « chose » en soi est de peu d'importance... Pour qu'il puisse accomplir cette démarche, il faudra qu'il ait mesuré combien il est aimé et combien il peut l'être davantage encore s'il laisse ce « truc » au fond du pot. Tout va ensemble, et la domination de l'enfant sur nombre d'objets va lui permettre de donner cet « objet »-là, qui est à lui et dont il dispose... Au début, l'enfant dit *non* pour se différencier de ses parents ; par la suite, il dira *oui* avec le désir de s'identifier à ses parents.

« Je suis moi, j'ai mes désirs et je dis oui » ne sera formulé sans danger de « devenir l'Autre » qu'à partir de l'âge de deux ans, et encore, *à la troisième personne !* C'est à cet âge, en effet, que l'enfant, maladroitement, va se nommer, écorchant son nom s'il est trop long ou difficile à prononcer. Il s'identifie par le « nom » quand il commence à identifier ses parents et à les nommer comme différents de lui. Les enfants psychotiques qui n'arrivent pas à être eux-mêmes ne parviennent que très tard à se nommer, ce qui les désignerait comme différents de leurs parents, or c'est précisément ce qu'ils ne peuvent pas faire.

Prenant de l'indépendance, l'enfant va marcher et parfois tomber, ou, se redressant, va glisser du siège où il avait grimpé. Vous ne le gronderez pas, mais le consolerez avec sollicitude afin qu'il comprenne que les accidents font partie de la vie, tout comme l'amour parental... Être pris et rassuré par un papa grand et fort ne peut qu'être encourageant !

C'est à nous de lui apprendre que son corps est « capable » (surtout, fuir la phrase : « Tu ne peux pas... tu es trop petit... »), mais que tout n'est pas bon pour lui ni pour nous. En effet, si tout était permis, où s'arrêterait le pouvoir d'un être humain par rapport à un autre ? L'enfant, même jeune, même marchant, même grimpant sur une chaise ou sur votre lit, doit savoir s'il fait une chose « admise » par vous ou bien « interdite ». Vous allez être la seule LOI de l'enfant jusqu'à son entrée à l'école maternelle, et la nourrice devra avoir à peu près les mêmes principes que vous, ou tout au moins faire respecter les vôtres, dont vous l'aurez informée.

Dans sa deuxième année, l'enfant découvre une foule de choses qui l'intéressent : aussi bien le bouton de la télé que la râpe à fromage, les bottes de papa que les chaussures de maman, et il faut l'orienter vers ce qui est inoffensif pour vous et sans danger pour lui. Il est temps qu'il apprenne qu'il ne fera pas toujours ce qu'il VEUT, car vous aussi, le père autant que la mère, vous savez ce que vous VOULEZ et vous avez la force et les moyens de le lui faire entendre.

Cette année-là est donc très complexe, car le bébé continue de « se remplir » comme à l'âge oral, mais il va aussi s'emplir les bras d'un tas d'objets qu'il va attraper puis semer plus ou moins à travers la maison. À cette époque-là (de douze à dix-huit mois), faites attention à placer très haut ce qui vous appartient et que vous ne souhaitez pas qu'il détériore ou égare, comme les aiguilles de maman ou les tournevis de papa !

Tendance à imiter l'Autre = identification

Vous pourrez en revanche lui donner sans risque la batterie de cuillères de la cuisine ou une copie miniaturisée de celle-ci, et l'enfant se fera un plaisir de vous imiter, car il a déjà enregistré que vous tourniez la cuillère dans la casserole, que vous égouttiez les frites ou la salade, que vous foriez des trous dans le mur avec une perceuse très bruyante. Il est à l'âge de « faire comme les autres », — les autres étant le plus souvent les parents. Il aimera faire semblant de vous donner à manger, vous transformant l'espace d'un instant en bébé !... Et vous jouerez le jeu, car il s'essaie à être grand comme vous, ce qu'il ne cessera plus de faire par la suite : il voudra « faire comme » vous pour *devenir* vous. Ce désir d'identification doit être soutenu et guidé tout au long de la vie de votre enfant, car il est la réponse à votre propre désir de le voir grandir. Certains adolescents d'aujourd'hui en sont totalement dépourvus et c'est ce qui les fait repartir en arrière, vers la drogue, la boisson, l'errance, parce qu'ils n'ont pas pu épouser le mouvement en avant de parents trop inactifs ou dépressifs...

La jalousie

Parlant de la deuxième année d'un enfant, il est inévitable d'évoquer l'arrivée éventuelle d'un second bébé que les parents font dans l'idée que l'un et l'autre vont jouer rapidement ensemble. Erreur ! On joue mal avec qui est venu vous ravir votre place, et on préfère pousser le berceau pour qu'il bascule et tombe, puis, entendant le nouveau-né pleurer, décamper en courant... On préfère, mine de rien, prendre un crayon et s'amuser à griffonner sur du papier, jusqu'au moment où le papier devient le visage même du bébé, et là, le crayon pointu peut devenir une arme ! On préfère donner des coups de pied aux parents qui sont en train de pouponner le bébé. On préfère refuser de manger ou d'être propre (on « régresse »), puisque le bébé a le droit de téter, tendrement blotti dans les bras des parents, et de faire dans ses couches. Finalement, l'enfant de dix-huit à trente mois s'assimile le plus souvent à celui qui est petit : le bébé, et c'est aux parents de le tirer vers l'identification valorisante de celui (celle) qui est « leur grand garçon » (« grande fille »).

Il faut absolument que les parents cessent de tenir pour méchant l'enfant jaloux, car il fait preuve là d'intelligence et de défense de sa propre personne. Les parents ne doivent pas pousser l'aîné au dévouement ni à la protection du bébé par lequel lui-même se sent menacé, mais ils doivent lui faire accepter que ce bébé est à eux comme lui-même l'est, et qu'ils le protégeront contre toute agression, y compris les siennes.

Dites-vous que votre enfant n'est pas appelé à vivre avec des plus petits, mais avec des enfants de son âge qu'il trouvera dès qu'il ira en maternelle, et qu'il aimera infiniment plus librement son jeune copain d'école que son petit frère... S'il n'aime pas son petit frère, ce n'est pas grave, car celui-ci n'a pas été le fruit de sa demande ni de son désir (quand un enfant demande un bébé à ses parents, il n'a plus deux, mais cinq ou six ans, et aspire en fait à jouer au parent). Évitez donc tout simplement les situations où l'aîné, tout à sa colère, dans un moment d'absence de votre part, pourrait régler son compte au suivant !

Votre devoir est de respecter le sentiment d'injustice du « grand » tout en sauvant le « petit » d'un désastre qu'il ne mérite assurément pas. Mais, surtout, dites-vous qu'il faut trois ou quatre ans à votre aîné pour être sûr d'« être grand » et de le rester. Les naissances rapprochées sont parfois une commodité pour les parents, mais *toujours* une difficulté pour l'enfant précédent, encore trop jeune pour ne pas se croire menacé dans son ascension vers l'adulte.

À propos de jalousie, il faut savoir que si l'on fait un second enfant avant les dix-huit ou trente mois du premier, on a de grandes chances d'assister à une bataille de l'aîné pour conserver la première place. Cependant, si on accepte l'agressivité de l'aîné, qu'on parle avec lui de ses sentiments sans le blâmer, sa jalousie restera contenue dans des limites très acceptables ; si, au contraire, on interdit ce juste sentiment et cette preuve d'intelligence, la jalousie sera multipliée par deux, puisque les parents n'auront, semble-t-il, pas compris l'iniquité de la situation qui fait que l'enfant aîné est en colère et peut le rester à vie.

Découverte du sexe par l'enfant

Je ne saurais terminer ce chapitre sans parler de la reconnaissance du sexe par l'enfant, qui se situe aux alentours de dix-huit mois. Il n'en parlera pas tout de suite, mais il constatera, au détour d'un couloir ou au sortir de la salle de bains, que son papa et sa maman sont physiquement différents et que l'un a quelque chose qui dépasse, et l'autre un triangle foncé au bas du ventre.

Étant trop petit pour trouver les mots qui en parleraient, il va préférer évoquer cette différence au travers de ses livres habituels, ou de ses joujoux, ou de ses animaux familiers, et posera de façon presque obsédante la question « C'est une fille ? C'est un garçon ? », ou « C'est un papa ? C'est une maman ? ».

Il faut répondre à ces questions en étendant l'explication à tous les êtres vivants.

Ce n'est que plus tard, vers deux ans et demi, que l'enfant posera des questions sur la façon dont les mamans font les bébés, et c'est à partir de là que vous lui expliquerez, vous, le père, la nécessité de l'homme dès le départ de la procréation, nécessité qui rejoindra dans sa tête la présence affective paternelle que vous représentez : l'enfant saura qu'il a *toujours* eu un papa et une maman.

Ce deuxième âge, qui va de la marche à la parole acquise, est celui de l'autonomisation de la personne au travers de l'opposition, de l'ambivalence, des jugements de valeur portés sur ou contre la LOI sociale (on a là réunies toutes les racines de la violence adolescente).

On entre bébé dans la deuxième année, on en sort enfant sexué connaissant les lois et règles de son milieu, prêt ou non à les respecter selon ce que les parents auront exigé. Cette année est donc décisive dans l'enfance pour tout ce qui a trait à la domination, à la soumission et à la négociation. Tous éléments qui figurent et colorent le type de relation sociale qu'aura l'adulte plus tard.

6

LE PÈRE ET LA DEUXIÈME ANNÉE DE L'ENFANT

(entretien avec un père)

LE PÈRE : *Chemin faisant, je me demandais si j'oserais gronder un bébé dont je ne cherche en fait qu'à me faire aimer...*

C'est justement le *deal* du deuxième âge de l'enfant. Le parent va le jouer avec l'énorme avantage de s'être fait aimer de lui et intégrer dans son inconscient au cours de la première année... Les deux parents interviendront tour à tour ou de façon synchrone, mais il faut qu'ils se situent tous deux du même côté de la Loi, et en ayant les mêmes rapports aux interdits.

C'est pourquoi les disputes pré-divorce ou le divorce lui-même secouent tellement l'enfant très jeune, en quête d'une Loi, car il a sous les yeux deux individus dont la Loi n'est plus la même. Comment trouver son chemin en plein orage ?

Or ne devez-vous pas incarner la sécurité pour votre enfant ?

Je comprends, mais comment avoir toujours le même avis que sa femme sur toutes choses ?

Ce que vous allez faire ou dire va déterminer la position de l'enfant dans son rapport aux autres et à la Loi. Sa question est : « Puis-je faire tout ce que je veux ? » La réponse appartient aux deux parents ; elle peut différer d'une famille à l'autre, mais pas d'un époux à l'autre. L'éducation d'un enfant va vous mettre tous les deux en cause, vous obligeant à ne pas tricher entre vous ni avec lui.

Son inconscient est si sensible au vôtre qu'il ne reçoit en effet de vous que ce qui est authentique... Je me souviens de mon fils qui, à trois ans, me voyant lacer sa deuxième chaussure plus vite que la première, me demanda de façon inattendue : « Dis, pourquoi tu vas vite ? » Effectivement, je venais soudain de penser à quelque chose d'urgent, sans le lui avoir mentionné... Il l'avait senti.

Ce qui paraît majeur, à partir de la deuxième année, c'est l'éducation du surmoi de l'enfant à qui vous apprenez jour après jour ce qui est défendu, ce qui appelle une punition ou une récompense (que, dans les deux cas, vous devez donner). On n'est plus au temps des pères fouet-tards, mais vous pouvez donner une tape sur le bras ou la jambe de l'enfant qui désobéit pour la troisième fois : vous ne serez pas pour autant un tyran ! Mais un parent doit être juste avec son enfant. Le père est aussi LE repère.

Mais nous, les pères, avons bien du mal à sévir : lorsque nous arrivons à la maison, notre journée de travail finie, l'enfant est déjà couché ou en train d'aller au lit...

Si vous en êtes là, évidemment, il vous sera dif-ficile de sévir, ce qui est pourtant votre fonction de parent auprès de l'enfant de deux ans. Or, si vous n'êtes pas sûr d'en être déjà aimé, comment ose-rez-vous déclencher sa rage envers vous ? Vous voyez bien qu'avec l'enfant, il faut que le père pre-nne toute sa place d'entrée de jeu...

Mais revenons à vous : si vous êtes totalement absent, vous avez intérêt à vous mettre d'accord avec la mère ou la gardienne de l'enfant sur ce que vous interdisez et ce que vous permettez. N'ou-bliez pas que vous êtes *chez vous* et que *l'enfant est votre invité*, puisque c'est vous qui l'avez convié à vivre avec vous.

Si les deux parents imposent la même Loi à leur enfant dès la deuxième année, ils seront d'autant moins l'objet de récriminations par la suite. Force est de reconnaître que, dans la plupart des cas de violence adolescente, on trouve une famille désunie où le parent seul, ayant peur de ne plus être aimé, a renoncé à exercer son autorité. L'enfant s'érige alors en paranoïaque tout-puissant qui n'écoute plus personne, n'ayant jamais entendu ses parents le gronder et sachant très bien qu'ils ont peur de ne plus être aimés de lui. L'enfant est en colère parce que vous ne lui avez jamais *imposé* de mettre un terme à sa colère lorsque vous vouliez parler : il ne supporte plus aucun ordre émanant d'un adulte et attaque tout ce qui s'appelle autorité – donc, hélas pour eux, les profs qui sont les premiers à relayer le pouvoir (ou l'absence de pouvoir) « parental »...

Père et mère sont-ils égaux pour ce qui est de la Loi à donner à l'enfant ?

Absolument, à ceci près que les parents doivent être d'accord sur les points essentiels à faire respecter par l'enfant.

Certaines femmes qui veulent avant tout être aimées renoncent à sévir quand l'enfant refuse d'obéir et, remettant la punition à plus tard, disent plaisamment à l'enfant : « Je le dirai à papa. » C'est une erreur, car les pères ne sont pas les « flics » de la maison et ils ont, autant que la mère, le désir d'être aimés : pourquoi intervien-draient-ils à propos d'une scène dont ils n'ont même pas été les témoins, et pourquoi se met-traient-ils l'enfant à dos alors qu'ils sont tout heu-reux de rentrer et de le revoir ?

Au cours de cette deuxième année, l'enfant acquiert la notion qu'il est aussi une personne, qu'il peut donc faire ce qu'il veut et non pas ce que vous désirez. Si vous l'interrompez, il fera un caprice : le caprice est une réaction normale. En revanche, la façon dont les parents le reçoivent ne l'est pas toujours, et un père confronté au refus d'obtempérer de son enfant doit se rappeler qu'il est bien assez grand et fort pour l'attraper et le mener de force à la salle de bains ou au lit... Mais le fera-t-il ? Il est pourtant indispensable que l'enfant apprenne qu'il n'est pas le plus fort, qu'il ne fera que ce que ce père et cette mère ont décidé de bon pour lui. C'est le premier apprentissage de la Loi, nécessaire à tout enfant pour respecter les autres et se faire respecter lui-même.

Si je lui explique le motif de mon interdiction, cela ne suffira donc pas ?

Pas toujours, car dans sa colère du moment, l'enfant a fermé tous les canaux de communication, y compris ses oreilles, et refuse d'entendre. Il faudra alors passer par l'épreuve du corps, qui signifiera pour l'enfant que, même sans la parole, les parents ont le moyen de prendre (de garder) le pouvoir. Or c'est une attitude que les enfants ont bien souvent déjà essayée avec les petits de leur âge, à la crèche, avec des résultats fort variables... Si la victoire leur a alors paru se situer dans leur camp, il est bon pour eux de se rendre compte qu'il y a plus fort qu'eux : il y a les parents.

Si l'enfant apprend à dire « Thomas veut, etc. », vous devez dire en retour que *papa veut bien* ou que *papa ne veut pas*. Surtout, ne faites pas vous aussi les pères poules mouillées qui lancent à leur femme, en plein désastre, au milieu du repas : « Françoise, regarde ce que fait *ton* fils ! » Ce fils est aussi le vôtre, et votre femme n'est pas la seule responsable de ses erreurs !

Il faudrait que pères et mères s'interdisent de dire à l'autre parent : « *Ton enfant* a fait ci ou ça... », car c'est faux ! L'enfant a fait quelque chose de mal, mais il n'appartient ni à l'un ni à l'autre ; jusque dans son erreur, il reste l'enfant des deux, et c'est la première des lois qu'il doit comprendre : ses parents se sont unis pour le faire venir au monde, ils resteront unis pour lui apprendre à vivre.

Mais quand le torchon brûle, certains soirs, on préfère dire que tout ce qui est mauvais chez l'enfant vient de l'autre...

Je sais, je sais, mais c'est entièrement faux ! Avez-vous fait venir cet enfant dans votre couple pour lui inculquer des choses inexactes qui vont gauchir sa logique spontanée ?

Un enfant, même en plein divorce, reste la seule « chose » à ne pas faire valser, parce qu'il est le *représentant* de ce que vous avez en commun alors que vous êtes en train de vous entre-déchirer pour ce que vous avez de différent. Un enfant, d'ailleurs, s'il aime ses *deux* parents (ce qui est normal, même si ça ne vous plaît pas), ne va prendre le parti d'aucun, et, en cas de séparation, demandera à voir et l'un et l'autre... Serait-il plus logique que vous en refusant de choisir maintenant entre des parents qu'il n'a pas choisis hier ?

Je comprends, mais, au moment d'émigrer ailleurs, il vient comme une haine insurmontable vis-à-vis de celle qui a tout fait pour s'arroger à titre exclusif la présence de l'enfant...

Ce que vous ne l'avez jamais empêchée de faire ! Vous avez été la victime désignée *in absentia*, et ce qu'il faut que vous enregistriez pour toujours, c'est que votre carence a permis de vous incriminer, vous, plutôt qu'elle. Le phénomène ne cessera que lorsque vous serez des pères présents et agissants dès les premiers mois de la vie de l'enfant : dès le temps de l'attachement.

Même en étant un père présent, je ne vous cache pas que l'exercice de l'autorité me paraît être le refuge de la force ou du sadisme face à la faiblesse du petit enfant...

Vous parlez ainsi parce que vous ne savez pas que la violence de l'enfant a *besoin* d'être « interrompue » et non pas « interdite », et si vous laissez le caprice se manifester dans la mesure où vous en comprenez la cause, vient un moment où l'épreuve de force doit cesser en votre faveur, sous peine de voir votre enfant craindre de ne pas avoir un père qui le domine... N'ai-je pas entendu un petit garçon de six ans me dire : « Mon copain, il a de la chance, parce que son papa il le gronde !... » C'était comme si la sévérité de ce père attestait de la valeur de l'enfant. Comme on ne s'intéresse qu'à ce qui est important, ce petit garçon non grondé croyait, de ce fait, ne pas compter aux yeux de son père. Or il ne faut pas laisser un enfant croire qu'il n'a que peu de valeur, sinon il va se réfugier dans la dépression et la non-compétition. Il ne faut pas non plus laisser un enfant s'endormir fâché avec ses parents qui viennent de le gronder.

Sachez néanmoins que lui, l'enfant, est si fâché contre vous qu'à l'intérieur de lui, quand il vous décoche des coups de pied ou vous mord la main, une petite voix dit : « Si je pouvais, je te tuerais ! » Mais il est petit et vous êtes grand : il est bien obligé de refouler son envie de meurtre, laquelle deviendra inconsciente et fictive et lui fera rêver, la nuit, que « papa a été écrasé par un camion », ou qu'« un dinosaure poursuit maman dans le jardin »... Les cauchemars des enfants sont les portes de sortie nocturnes servant à évacuer des vœux non convenables le jour.

Donc, si mon petit Antoine fait des cauchemars, ce n'est ni anormal ni inquiétant ?

Non, pas du tout. Jusqu'à cinq ans, en effet, c'est la mise en scène, sous une autre forme, de la haine et des intentions assassines que l'enfant vous a portées durant le jour... Votre enfant se réveillant en hurlant pendant la nuit, vous vous lèverez et viendrez auprès de son lit pour lui faire constater que, malgré tous les monstres, incendies, raz de marée et tremblements de terre, vous êtes toujours là, bien vivant...

Est-ce qu'au milieu d'un caprice, je peux interrompre la violence de l'enfant en lui offrant quelque chose de bon, fût-ce un bonbon, pour l'amener à faire la paix avec moi ?

Non, sûrement pas ! Le bonbon ne peut être donné que lorsque tout le monde aime tout le monde, ou pour faire oublier à l'enfant une chute dont il vient d'être victime, ou le détourner d'un malheur quelconque dont il n'est pas responsable. Or, ici, si vous voulez être équitable et logique, vous ne pouvez que censurer ou réprimer le comportement rageur de votre enfant, en aucun cas lui accorder une récompense ! Le bonbon ou la sucette ne doivent jamais figurer comme une réparation entre lui et vous. La réparation se fera par des mots et par des propositions d'actes positifs à exécuter.

Ce soir-là, le coucher de votre enfant prendra un sens particulier du fait que vous lui parlerez calmement de sa rage et de sa punition, puis vous lui direz qu'on peut maintenant tourner la page, lire l'histoire du Petit Poucet, ou celle de Babar, ou celle de Bambi, etc., qui présentent toutes la même structure que celle qu'a vécue l'enfant durant sa journée : il a d'abord perdu ses bons parents, s'est trouvé confronté à des malheurs énormes dont il a finalement triomphé (les parents, c'est vous ; l'ogre ou le tigre, c'est vous ; le retour à la maison, c'est encore vous). La peur des contes cruels chez les parents d'aujourd'hui ne s'explique que parce qu'ils rêvent d'un monde tout rose pour leur progéniture. Or vous savez fort bien qu'à moins de tricher avec vous-même, ce monde n'existe pas et n'adviendra pas même pour votre enfant. La vérité est que le conte est parfois plus encourageant pour l'enfant que vous ne le croyez.

Enfin, un gros baiser de votre part signalera que tout le monde va dormir en paix dans cette maison. Sous un toit, ni adultes ni enfants ne doivent, pour s'endormir, lutter contre la haine, car c'est un sentiment qui laisse la libido en éveil et contrarie donc le sommeil.

7

ET L'ŒDIPE ?

S'il y a une chose que la plupart des hommes croient réservée à la mère, c'est bien l'œdipe ! Et les mères qui, bien avant les pères, ont appris la place et le rôle de l'inconscient chez l'enfant, savent reconnaître dans leur petit garçon fougueux et aimant un petit Œdipe dont l'attachement les charme et les demandes en mariage les font rire...

Les hommes regardent ces tendres scènes à distance, comme exclus de la situation. Quand, par hasard, leur petite fille, à l'occasion d'un divorce où la mère n'est plus aussi omnipotente, se met à « *aimer papa* », ils sont tout surpris et ravis. Mais, tout aussitôt, ils se sentent inquiets : « Ai-je le droit, moi aussi ? » – d'autant plus que nombre d'entre eux sont déjà officiellement incriminés de séduction, voire de perversion vis-à-vis de leurs enfants.

Si les femmes ont eu la curieuse idée d'accuser les pères de nourrir un désir œdipien coupable (c'est devenu pour elles le meilleur argument pour alerter la justice), comment ne pas voir qu'elles connaissent elles-mêmes fort bien ce désir-là, qu'elles ont toujours éprouvé à l'égard de leur petit garçon, mais qu'elles ne veulent pas que les hommes connaissent ? Chaque fois qu'on trouve l'homme en panne en tant que père, il y a toujours derrière – ou devant – une femme qui ne veut pas le laisser passer, qui ne veut pas qu'il soit père autant qu'elle-même est mère !

Fonction œdipienne du père envers la fille

Voici quelque chose de crucial : les pères *doivent* reconquérir ou tout simplement conquérir la place œdipienne qu'ils n'ont jamais eue vis-à-vis de leurs filles. Pour cela, ils doivent s'insérer dans la vie du bébé fille et se laisser aller à l'étonnement, puis à l'amour de celle qui, issue d'eux, possède ce qui leur manque : la féminité.

C'est ça, l'œdipe : c'est se reconnaître dans l'enfant avec quelque chose de plus qu'on n'a pas... et qui nous rend complets, nous qui n'avons jamais eu qu'un seul sexe ! Là, tout à coup, nous avons les deux en tenant dans nos bras un bébé de l'autre sexe.

Les femmes ont toujours eu accès à ce moment œdipien idyllique avec leur petit garçon, mais jamais les hommes avec leur petite fille... En sorte que, grands et mûrs, voire plus que mûrs, ils cherchent parfois des femmes qui pourraient être leurs petites filles ! Et tout le monde le leur permet, nul n'en fait des gorges chaudes ! Alors que, dans le cas de la femme épanouie qui se choisit pour mari un semblant de fils, le scandale accompagne l'étonnement : n'a-t-elle pas déjà connu l'œdipe avec ses garçons ?

Pourquoi alors continuer de faire vivre cette petite fille sans œdipe avec son papa et applaudir plus tard à son mariage avec quelqu'un qui pourrait être son père ? Cette petite fille, qu'elle soit du XVe, XVIe, XVIIe ou XVIIIe siècle, a certes toujours été maintenue à l'écart de l'homme dans son enfance ; mais pourquoi vouloir de nos jours la maintenir dans des conditions d'inégalité avec le garçon, puisqu'elle aura plus tard à vivre à égalité avec ce même garçon devenu homme ?

N'est-ce pas Freud lui-même qui, voulant raconter l'œdipe de la petite fille, nous a narré une histoire vide, celle d'une petite fille compliquée dont il n'a pas compris les ressorts : elle n'était pas bien, semble-t-il, avec sa mère (au contraire du

garçon) et, vers trois ou quatre ans, elle se tour-
nait vers son père, mue par le désir de le séduire...

Mais, à cet âge, cette petite fille sait tout bon-
nement qu'elle n'a pas « tout », et veut aimer celui
qui a ce qui lui manque : elle veut donc entrer
dans l'œdipe avec son père. Cependant, il est bien
tard pour elle, habituée qu'elle est à vivre dans
l'orbite maternelle, et si elle va vers le père, elle se
sent coupable de quitter sa mère. Elle sent sur elle
le regard réprobateur de celle-ci qui craint
quelque chose d'indicible, qui redoute en vérité
que le père ne se laisse séduire et ne finisse par
aimer davantage sa fille que sa femme !

Il s'agit donc, pour la petite fille, d'avoir le
courage d'affronter la jalousie maternelle, et toutes
les filles ne l'ont pas. Elles n'iront pas vers le père
de peur de perdre leur mère !

Tout cela doit changer. La guerre entre mère et
fille peut disparaître. À partir de l'enfant, le
couple peut s'élargir et faire une place à l'amour
œdipien mère-fils et père-fille.

Cela ne veut pas dire que la petite fille doive
être seulement élevée par son père, car elle a aussi
besoin de connaître l'*homosensualité* avec sa mère :
elle voudra comparer son corps à celui de la
femme adulte, même si c'est pour constater
qu'elle n'en a pas encore tous les atouts, et elle

aura besoin des mots rassurants de sa mère sur l'évolution à venir de son corps. De même, elle voudra partager les activités de cette femme, imiter ses coiffures, mettre ses chaussures, et, à six ou sept ans, on la retrouvera à l'école aimant plutôt les petites filles et définitivement tournée vers l'identification féminine.

La mère n'est donc pas la seule plaque tournante de la vie de la petite fille, mais elle en est un des éléments indispensables, surtout pour structurer une identification qui va la faire rejoindre le côté des femmes, laissant l'œdipe derrière elle et non pas toujours devant, comme les femmes d'aujourd'hui qui attendent, rêvent, paient très cher le fait d'être aimées par l'homme adulte !

Sans remonter jusqu'à Électre disant : « Oui ! la femme qui m'a enfantée, je la hais plus que tout au monde », il faut bien reconnaître, si l'on en juge par la littérature moderne, que, non œdipiennes, les filles ont vécu dans un monde de comparaison et de dévaluation par rapport à la mère, qui, dans un mouvement de séduction hystérique bien connu, les a fait se retourner vers l'homme pour lui demander : « M'aimes-tu, et seras-tu pour moi la mère que je n'ai pas eue, le père que je n'ai pas connu ? »

L'homme non identifié à une femme n'est peut-être pas le mieux placé pour entendre cette demande de tendresse féminine. Ce que les femmes font vivre en ce moment aux hommes à travers leurs enfants (qu'elles leur ravissent) n'est peut-être que l'expression d'un ressentiment, une manière de représailles à l'endroit d'un père qu'elles n'ont connu qu'« absent », et donc « mauvais père », et qu'elles transfèrent aujourd'hui sur un mari qu'elles condamnent lui aussi comme « mauvais père ».

Ce père absent auprès de sa fille, c'est bien celui-là même que nous a décrit Freud quand il nous parle de l'évolution affective et sexuelle de la femme, dont il ne comprend ni le début ni la fin. Il faut être une femme moderne et féministe pour dénoncer le manque criant d'amour œdipien émanant du père dans la vie des petites filles.

L'absence œdipienne du père commence dès la première année et ne fait que s'accuser : « Va demander à ta mère » durera jusqu'à l'adolescence, poussant la fille à tomber dans les bras du premier venu qui lui dira « Je t'aime » en lieu et place de son père. La présence du père est donc indispensable pour faire éprouver aux petites filles des sentiments œdipiens que, sans eux, les filles ne traverseront pas, et qu'elles reporteront sur l'homme de leur vie, l'acculant à une position de mari-père tout à fait intenable, dont nous voyons qu'elle se termine souvent par l'incompréhension et le divorce, la femme étant plus déçue par l'amour que l'homme (75 % des divorces sont demandés par des femmes).

Si les femmes veulent que leurs filles vivent différemment d'elles (c'est-à-dire sans l'obligation de séduction vis-à-vis de l'homme), il faut qu'elles ouvrent toute grande la porte de l'œdipe à leur mari, au lieu de l'incriminer et de le traiter de pervers ou d'inconvenant vis-à-vis de leur propre fille.

L'histoire des petites filles changera grâce aux pères, mais aussi grâce aux mères quand celles-ci auront bien compris ce qu'elles ont vécu étant enfants, et qui les a rendues insatisfaites et a fait d'elles d'incorrigibles amoureuses des hommes à l'âge adulte.

Car si tout enfant a besoin d'un parent différent de lui pour l'introduire à l'œdipe (modèle de tout amour hétérosexuel futur), par la suite, il a besoin de l'autre parent (avec qui il partage *l'homosensualité*) pour le tirer hors de l'œdipe vers l'identification à ceux (celles) de son sexe.

On a remarqué, dans les écoles primaires mixtes, qu'on retrouvait la plupart du temps les petites filles ensemble et les petits garçons aussi, parlant qui de leurs mamans, qui de leurs papas, premiers modèles d'amour et d'amitié dans leur vie et qui, comme tels, comptent longtemps, pour ne pas dire toujours dans leur inconscient.

Fonction du père auprès du garçon

Ce petit garçon qui naît, vous êtes le seul à éprouver pour lui un amour qui contient un avenir d'homme, car vous avez été aussi un petit garçon aimant les bras de votre mère, courant derrière un père toujours pourvu de trop grandes jambes. Aujourd'hui, c'est vous qui allez être pris et suivi comme modèle (si vous le voulez, car si vous ne prenez pas votre place dès les premiers mois auprès de cet enfant, vous serez vite distancé par la mère...).

Le rapport de corps, même avec un bébé garçon, est toujours rempli pour un homme d'*homo-sensualité*, c'est-à-dire que vous tenez contre vous le même que vous en plus petit (ce qui n'implique pas que vous soyez pédophile vis-à-vis de votre propre progéniture !). Il n'y a là ni inquiétude, ni questionnement à avoir, ni même trace de séduction : un fils, pour son père, c'est son devenir le plus direct, de même qu'une fille l'est pour sa mère.

Bien sûr, dans la première année, ce fils n'échappera pas à la tendresse œdipienne de sa mère qui ajoute à son amour parental une bonne dose d'admiration et d'encouragement à être ce qu'elle n'est pas... Mais si vous êtes un père tendre et attentif, il en ira de même entre vous et votre petite fille à qui vous souhaiterez tous les bonheurs que vous ne connaissez pas en tant qu'homme.

Revenons à ce garçon qui aime donc œdipiennement sa mère et qui, fatalement, lui posera un jour la fameuse question « Et toi, t'as pas de zizi ? », ou qui lui proposera innocemment de l'épouser plus tard. C'est en pleine période de caprice et d'opposition qu'il apprendra le refus de sa mère. Donc, très en colère à cause de ceci, il se peut qu'il refuse d'avancer davantage vers l'adulte et traîne dans les couches et les biberons plus longtemps que la fille (les garçons sont en général propres un an plus tard que les filles). Or, qui peut l'aider à cette étape difficile de sa vie, sinon son père qui va l'entraîner, hors de cet amour passionnel pour la mère, dans des activités, des jeux, des promenades, de la télé regardée ensemble, des bagarres « entre hommes » ?

Parfois, l'enfant demande si c'est un papa ou une maman en examinant une image ; il reste inquiet sur la sorte d'amour qui existe entre lui et ses parents, et entre ses parents eux-mêmes. Il se montre ambivalent avec ce père qui lui ravit parfois la mère et qu'il entend rire à côté pendant que lui est seul dans son lit...

Il n'empêche que c'est le père qui donne sa vraie place à l'enfant mâle, celle d'un être qui se décline au masculin. Peu à peu, l'amour pour la mère deviendra enfin raisonnable et l'enfant se rangera du côté du père à partir de quatre ou cinq ans. Parvenu à cet âge, il fait comme lui : il aime les voitures, les ballons, les bagarres destinées à mesurer sa force. Il aime partir seul avec son grand ami : le père ; il aime grimper sur ses genoux, monter comme lui sur un vélo ; de petit d'homme, il est en train de devenir un petit homme.

Si tout s'est bien passé depuis le début, il ne connaîtra que des problèmes très normaux à l'adolescence : il cherchera à se différencier de ses parents par d'autres goûts, d'autres mots, d'autres amis, mais il ne tombera ni dans la dépendance (drogue) qui rappelle la mère toute-puissante, ni dans la violence qui fait suite à la rage jamais sublimée de ne pas avoir pu posséder la mère quand il avait trois ans.

Nous savons que la violence des adolescents d'aujourd'hui est souvent le fait d'enfants qui ont besoin de détruire le lien avec la mère et ne trouvent pas de père à leur côté, dans la famille, pour détourner leurs désirs mortifères. Car le père, au moment de l'adolescence, a précisément pour fonction d'orienter l'agressivité de son fils vers d'autres cibles que la mère

Il faut bien qu'un jour une voix s'élève et dise que le silence fait autour de l'œdipe mère-fils a été largement responsable de la misogynie en général et de l'impuissance en particulier, mais aussi, dans nombre de cas, de l'homosexualité masculine comme suite à une *homosensualité* non vécue avec le père (absent ou dévalorisé).

Mais oui, si les pères sont enfin paternels avec leurs enfants, ils seront œdipiens pour leurs filles et identificatoires pour leurs garçons. Les nouveaux pères adorent leurs filles, qui le leur rendent bien ! Les mères font de même avec leurs garçons, et on ne les jette pas en prison pour autant !

Être aimé et plaire à son parent à cause de son corps ne peut que narcissiser l'enfant, et il est donc bon d'être un garçon aimé de sa maman, comme il est bon d'être une fille aimée par son papa. Cela ne peut qu'inciter l'enfant à grandir selon son sexe jusqu'à ce qu'il découvre que le parent qu'il aime le plus n'est justement pas de son sexe !

8

LA PSYCHANALYSE ET LE PÈRE

(entretien avec un père)

LE PÈRE : *J'ai compris beaucoup de choses. J'ai surtout compris que j'étais indispensable à la formation inconsciente de mon enfant, que je croyais jusque-là réservée à la mère... Mais je voudrais élucider définitivement cette histoire de désir œdipien avec l'enfant. En un mot, est-ce mal d'éprouver un émoi particulier devant le sexe de ma fille, alors que la vue de celui de mon fils me paraît tout ce qu'il y a de naturel ?*

C'est pratiquement inévitable, donc assimilable à la normalité dans la mesure où seule une fille vous donnera à voir ce que vous n'avez pas sur votre propre corps. Si, étant adulte, vous aimez un enfant corps et âme, votre amour sera forcément coloré génitalement (ce qui ne veut pas dire que vous allez passer à l'acte, ni que vous en avez même l'idée !). L'œdipe est un sentiment inconscient qu'on a frappé d'un interdit absolu : celui de l'inceste, que l'on retrouve plus ou moins exprimé, plus ou moins encadré, plus ou moins ritualisé dans toutes les civilisations du monde. Ce qui est formellement interdit avec votre enfant, c'est de vous autoriser des privautés réservées aux relations entre adultes : embrasser l'enfant sur la bouche, le mettre dans votre lit quand vous êtes seul avec lui, le faire rire en chatouillant son sexe. Vous avez déjà eu l'occasion, en changeant les couches de bébé, de voir que c'est un plaisir pour lui : n'en rajoutez pas !... Il faut lui laisser quelque chose à vivre pour plus tard... Et il découvrira seul, sans tarder, le plaisir de l'auto-érotisme (masturbation du bébé, puis de l'enfant, puis de l'adolescent).

J'aimerais que vous reveniez sur cette question de l'hétérosensualité *et de* l'homosensualité, *car, pour ce qui me concerne, je n'ai jamais entendu parler que d'hétérosexualité ou d'homosexualité, pour me reconnaître dans l'une et pour blâmer l'autre... Vous avez l'air de trouver tout cela normal, mais vous n'employez pas exactement les mêmes mots que les autres...*

Effectivement, j'introduis là un autre concept, celui de *sensualité* infantile, qui convient à l'enfant jusqu'à l'âge où il devient nubile et accède à la génitalité adulte.

Chez le bébé et l'enfant, il ne peut être question que de sensations agréables, donc de sensualité, et l'enfant connaît des sensations en rapport avec son sexe : la masturbation du pénis pour le petit garçon, la caresse du clitoris pour la petite fille.

Alors, si l'enfant se masturbe, je ne le lui interdis pas ?

Non, s'il ne le fait qu'occasionnellement et ne passe pas ses journées inactif, la main sur le sexe, occupé à se donner des sensations qui remplaceraient les actions et les jeux de son âge, et perturberaient sa faculté de sublimation vers l'imaginaire.

Et s'il me demande d'où viennent les bébés ?

Surtout, répondez-lui, ne le renvoyez pas à sa mère, car vous savez aussi bien qu'elle comment vous l'avez fait !... Évitez de vous embourber dans des histoires du genre : « On s'aimait très fort », « Je la serrais très fort contre moi », qui évoquent pour lui quelque chose de purement affectif. Entre trois et quatre ans, choisissez de lui dire que vous, le père, vous avez donné une petite graine de bébé qui a poussé dans le ventre de la maman. Pour l'instant, cette explication simple et vraie lui suffira, et il passera rapidement à l'observation des femmes « grosses » dans la rue : ne porteraient-elles pas un bébé ?

Plus tard, il vous demandera comment vous avez mis la petite graine et progressivement vous irez de plus en plus loin jusqu'à lui expliquer sa propre érection qui vers cinq ou six ans peut l'inquiéter...

C'est à vous, le père, d'accompagner votre fils dans son questionnement sur la sexualité masculine jusqu'au début de l'adolescence (dont nous reparlerons dans un prochain ouvrage).

L'enfance

Qui peut nous dire quand ça finit

Qui peut nous dire quand ça commence

C'est rien avec de l'imprudence

C'est tout ce qui n'est pas écrit

Jacques Brel

TABLE

1. Alerte chez les pères ! 9

2. Un enfant...
    à qui appartient-il ? 19

3. La psychanalyse
    ou le parti des mères 31

4. Le père au secours
    de la première année 49

5. La traversée de l'âge anal 67

6. Le père et la deuxième année
    de l'enfant 83

7. Et l'Œdipe ? 95

8. La psychanalyse et le père 107

Achevé d'imprimer en mars 2002
sur presse Cameron
par Bussière Camedan Imprimeries
à Saint-Amand-Montrond (Cher)
pour le compte de la Librairie Arthème Fayard
75, rue des Saints-Pères - 75006 Paris

35-33-0701-04/9

ISBN 2-213-60501-7

Dépôt légal : mars 2002.
N° d'Édition : 21949. – N° d'Impression : 021560/1.

Imprimé en France